# CALL 语境下的
# 语言教学多样性研究

张玲　张丽丽　孙艳青 ◎ 著

首都经济贸易大学出版社
Capital University of Economics and Business Press
·北京·

图书在版编目（CIP）数据

CALL 语境下的语言教学多样性研究 / 张玲，张丽丽，孙艳青著. -- 北京：首都经济贸易大学出版社，2024.9. -- ISBN 978-7-5638-3731-1

Ⅰ．H09

中国国家版本馆 CIP 数据核字第 2024EH0377 号

CALL 语境下的语言教学多样性研究
CALL YUJING XIA DE YUYAN JIAOXUE DUOYANGXING YANJIU
张　玲　张丽丽　孙艳青　著

| 责任编辑 | 韩　泽　徐燕萍 |
| --- | --- |
| 封面设计 | 砚祥志远·激光照排　TEL：010-65976003 |
| 出版发行 | 首都经济贸易大学出版社 |
| 地　　址 | 北京市朝阳区红庙（邮编 100026） |
| 电　　话 | （010）65976483　65065761　65071505（传真） |
| 网　　址 | http://www.sjmcb.com |
| E - mail | publish@ cueb.edu.cn |
| 经　　销 | 全国新华书店 |
| 照　　排 | 北京砚祥志远激光照排技术有限公司 |
| 印　　刷 | 北京九州迅驰传媒文化有限公司 |
| 成品尺寸 | 170 毫米×240 毫米　1/16 |
| 字　　数 | 164 千字 |
| 印　　张 | 10 |
| 版　　次 | 2024 年 9 月第 1 版　2024 年 9 月第 1 次印刷 |
| 书　　号 | ISBN 978-7-5638-3731-1 |
| 定　　价 | 52.00 元 |

图书印装若有质量问题，本社负责调换
版权所有　侵权必究

# 前言

随着人工智能技术的发展，计算机辅助语言学习（CALL）领域的研究者们正在积极实现人工智能和语言学习的深度融合。本书写作于这种融合研究的初期，从 CALL 领域的基本概念开始，深入研究该领域各个方面的多样性，理论概述辅以实例说明，以一种通俗易懂的方式将 CALL 生态环境的多样性呈现给大家。本书的著者多年从事一线语言教学，所讲授语种包括英语、日语和对外汉语，在这本书中，对于 CALL 语境下的语言教学多样性研究涵盖如下方面：学习者行为、培训的多样性，学习环境、资源、模态、技术的多样性，教师角色的多样性以及研究和实践的多样性。这八个方面共同构建了 CALL 的教育生态环境，每个方面都很关键，都有可能改变我们对 CALL 的认识、运用，甚至可以作为一个评价标准来测评 CALL 的教学效果。希望通过本研究成果，帮助 CALL 领域的新手师生更好地理解和应对这种复杂性和多样性，同时，帮助智能软件的设计者更好地理解用户需求，关注用户体验，设计出更实用的智能教学软件，推动人工智能赋能教育的进一步发展。

本书得到北京物资学院外语学院王淑花院长的支持和帮助，特此感谢。

本书三位作者大量阅读、积极实践、深入探讨，但学识有限，书中难免有疏漏和不足，诚请批评指正。

著者

目 录

1 绪论 …………………………………………………………………… 1
　1.1 CALL 术语 ………………………………………………………… 2
　1.2 CALL 的可供性分析 ……………………………………………… 4
　1.3 CALL 常态化 ……………………………………………………… 6
　1.4 全书概览 …………………………………………………………… 7

2 CALL 语境下学习者行为的多样性 ………………………………… 11
　2.1 概述 ………………………………………………………………… 11
　2.2 CALL 数据追踪和学习者行为 …………………………………… 12
　2.3 学习者行为的多样性 ……………………………………………… 13
　2.4 结论及启示 ………………………………………………………… 22

3 CALL 语境下学习者培训的多样性 ………………………………… 27
　3.1 概述 ………………………………………………………………… 27
　3.2 学习者培训中的多样性问题 ……………………………………… 28
　3.3 结论及启示 ………………………………………………………… 42

4 CALL 环境的多样性 ………………………………………………… 45
　4.1 概述 ………………………………………………………………… 45
　4.2 CALL 环境的多样性 ……………………………………………… 46
　4.3 结论及启示 ………………………………………………………… 63

1

## 5 CALL 资源的多样性 ……………………………… 65
   5.1 概述 ………………………………………… 65
   5.2 网络教育的发展 …………………………… 66
   5.3 开放式教育资源 …………………………… 68
   5.4 问题和影响 ………………………………… 74

## 6 CALL 模态的多样性 ……………………………… 77
   6.1 概述 ………………………………………… 77
   6.2 多模态理论及在语言学习中的应用研究 …… 78
   6.3 结论及启示 ………………………………… 87

## 7 CALL 技术的多样性 ……………………………… 89
   7.1 概述 ………………………………………… 89
   7.2 CALL 技术多样性的主要问题 ……………… 90
   7.3 未来研究方向 ……………………………… 105
   7.4 结论及启示 ………………………………… 106

## 8 CALL 语境下教师角色的多样性 ………………… 109
   8.1 概述 ………………………………………… 109
   8.2 教师角色的意义探讨 ……………………… 110
   8.3 教师角色的重塑 …………………………… 114
   8.4 教师角色转变实现路径 …………………… 119

## 9 CALL 研究和实践的多样性 ……………………… 129
   9.1 概述 ………………………………………… 129
   9.2 研究方向及意义 …………………………… 129
   9.3 研究和实践的关系 ………………………… 135
   9.4 结论及启示 ………………………………… 139

**参考文献** ………………………………………………… 141

# 1　绪论

　　计算机辅助语言学习（Computer-Assisted Language Learning，CALL），是近几十年应用语言学非常热门的研究领域，也是期刊学术会议甚至专著常见的选题，而自 2020 年以来，为了应对疫情，线上教学获得了空前的发展，被迫成为语言教学的新生力量，甚至是主流，因此相关的研究也归入了 CALL 的范畴。疫情之前，该领域国际知名的期刊信手便可拈来，比如美国的 CALICO Journal、LLT，欧洲的 ReCALL、CALL，以及亚洲非常知名的 CALL-EJ、JALT CALL、PacCALL、IJCALLT 等。除此之外，还有很多非语言类的期刊也涵盖了这一领域，例如技术类的期刊 SYSTEM。以疫情为一个分水岭，疫情之后，CALL 领域期刊更加关注在线学习环境、紧急在线课程、学习者参与度、远程教育的有效性，以及数字工具和资源的创新使用等方面的研究。在国外该领域已经经历了近半个世纪的发展，相关的文献已经相当丰富，研究的领域涵盖语言学习的听说读写，以及不同语种、不同国家，更不用说各种教育技术了。每种新的教育技术的产生，会在不同国家进行不同领域的实践研究。在这样的背景之下，不同的理论框架结合不同的教育技术带来了多种多样的实践方法。疫情之前，CALL 只是对线下教学局限性的辅助和补充，对 CALL 的必要性的讨论仍然存在；疫情之中，CALL 是唯一的教学方式，所有的教师，不管你以前是否从事过 CALL 的教学实践，也不得不成为 CALL 的实践者。疫情把语言教学带入了技术时代甚至是智能时代，层出不穷的技术和理论当然是好事，但是面对如此丰富的理论和方法，即便是在该领域深耕多年的研究者，往往也只是对自己的研究领域比较精通，而对于其他领域比较陌生。而疫情促使更多的新手进入到该领域，繁多的理论对于这些新手并不友好。那么，帮助CALL领域的新手师生更好地应对理论和实践的多样性，充分利用现有的教育技术和理论实现教育的有效性，正是本书的写作初衷。

此外，一些CALL相关的研究也提及了技术带来的负面影响，例如学习者焦虑、视力问题、网络沉迷问题等，所以提高学习者控制技术的能力是必不可少的环节，学习者培训仅仅是一个方面，还必须加强网络环境的监管，建设一个健康的CALL生态环境，使其适合各个年龄段学习者的自控能力，期望本书对CALL生态环境要素的多样性研究能有所贡献。

作为整本书的基础，第1章绪论部分将会从整体上纵览CALL领域相关的重要问题，按照如下顺序展开：第一部分是对本书中CALL术语的界定；第二部分是对CALL的可供性进行分析；第三部分分析了CALL的常态化；第四部分是整本书的内容概览。

## 1.1 CALL 术语

最近有关计算机辅助二语习得的英文名称的讨论一直在继续，CALL这个名称本身是否合适呢？我们先来看一看过去的若干年中，在这个领域都有哪些缩写名称能够和CALL比肩。例如，CALL/CELL（Computer-Assisted/Enhanced Language Learning），TALL/TELL（Technology-Assisted/Enhanced Language Learning），MALL（Mobile-Assisted Language Learning），WELL（Web-Enhanced Language Learning，网络强化语言学习），TEAL（Technology-Enhanced Active Learning，技术强化学习），以及最近出现的RALL（Robot-Assisted Language Learning），ICALL（Intelligent Computer-Assisted Language Learning，智能计算机辅助语言学习），AIED（AI for Education），等等。那为什么本书中使用了最早出现的CALL这个名称呢？

为"计算机辅助语言学习"选一个合适的名字已经是老生常谈的话题了，也不断有研究者试图在现有的名称当中选一个最好的。夏佩尔（Chapelle，2001）曾提到1983年的（TESOL）学术大会上，学者们一致认为CALL是计算机辅助语言学习的合适名称。莱维和哈伯德（Levy and

Hubbard，2005）也就名字问题做了很多的探讨，他们认为 CALL 是最合适的名称，原因有以下三点：

第一，CALL 的名称之所以成为最广泛使用的术语，首先得益于其定义的宽泛性与包容力。与 MALL（移动辅助语言学习）、CASLA（计算机辅助第二语言习得）或 NBLT（基于网络的语言教学）等相比，CALL 不局限于特定的技术或学习环境。这些术语更像是 CALL 伞下的子分类，专注于某一特定技术或应用的语言学习，而 CALL 则覆盖了使用计算机及其衍生技术进行语言学习的所有方面，从早期基于文本的程序到现代互动式网络应用，CALL 作为一个伞式概念，成功地囊括了不断进化的技术在语言学习中的各种应用。

第二，"计算机"是核心运算技术的象征。在许多人眼中，"计算机"一词可能直接联想到个人电脑或笔记本电脑，但其实它在 CALL 的语境中指的是更广泛的计算技术。这包括了任何拥有计算能力的设备，如智能手机、平板电脑，甚至是更现代的智能穿戴设备。这些设备的核心，无论其形态如何变化，都具有执行复杂运算的能力，它们使得语言学习活动和交流变得更加灵活和多样化。因此，当我们谈论 CALL 时，实际上是在强调计算技术——无论是传统的台式电脑还是现代的移动设备——在促进语言能力发展中的核心作用。有人说"技术"这个词的使用范围比"计算机"更广，它包括计算机以及计算机以外的很多东西，比如软件。但是，软件无法脱离计算机而运行，所以技术不依托计算机无法发挥其辅助语言学习的功能，由此可见，"计算机"能够涵盖所有能发挥辅助语言学习功能的设备，包括电脑、手机、平板、播放器、AI 智能设备以及这些设备上运行的软件程序，是一个总称，在本书的后面篇章中也统一使用"计算机"一词指代所有和语言学习相关的设备以及依赖设备运行的软件。

第三，CALL 之所以获得如此普遍的认可，还得益于其长久的历史和在学术领域的深厚根基。自 20 世纪 50 年代以来，随着计算技术的发展，CALL 逐渐成为研究和实践中的一个重要领域。多个与 CALL 相关的学术期刊，如 CALICO Journal、ReCALL、CALL 以及亚洲的 CALL-EJ 和 JALT CALL，都是该领域内极具影响力的出版物。这些期刊不仅促进了 CALL 相关研究的发展，也证明了 CALL 作为一个学术术语的权威性和普及度。

此外，CALL这个名称的普遍性从谷歌学术搜索结果也可见一斑，2005年莱维和哈伯德（Levy and Hubbard, 2005）做了第一次统计，CALL得到的谷歌搜索结果是99 100而TELL的结果仅为6 550，在2010年他们又做了第二次统计，5年后的统计数字并未有太大的变化，CALL的搜索结果为165 000而TELL为23 900，到今天为止（2024-03-23），CALL的搜索结果为1 580 000而TELL为145 000，搜索结果的数量差异不仅证明了CALL作为术语的普及度，也反映了学术和教育领域对CALL研究和实践的持续关注和投入。这一统计数据为CALL作为计算机辅助语言学习领域代表名称的地位提供了有力证据。

综合考虑CALL这个名称的包容性和准确性，本书会自始至终使用CALL作为计算机辅助语言学习领域的广义名称。

## 1.2　CALL的可供性分析

技术的可供性（Affordance）指的是技术辅助某种功能实现过程中所提供的支持性的特征。Affordance由詹姆斯·吉布森（Iames Gibson, 1979）提出，并在他的专著《视知觉的生态学方法》（The Ecological Approach to Visual Perception）的第8章中集中讲述。Affordance是Afford（提供、给予、承担）的名词形式，环境的Affordance是指这个环境为动物行动提供的可感知的潜在可能。国内研究者将其翻译为"给养""可供性""承担性""示能性"等，笔者基于Afford这个词根的含义采取的译文是"可供性"，这一译文也是较多中文文献所采用的译法。但由于可供性提出者吉布森在其经典著作《视知觉的生态学方法》发表的同年去世，作者给出的可供性定义仍存在模糊和不确定性，这也引发了学术界对这个名词的持续探讨和跨界融合。

唐纳德·诺曼（Donald Norman），作为HCI领域的先驱，将这个词引入设计领域时就将其狭隘化了，他在《设计心理学》一书中以著名的诺曼门为例来解释Affordance的含义。他说，一扇"门"的设计应该让用户一眼便知如何开门，这就是门的可感知Affordance。

可供性进入二语习得领域，从美国教育语言学教授利奥·范·利尔（Leo van Lier）开始，他于2000年最早把可供性这一概念引入二语习得领域，发表多篇学术著作，对深化可供性在二语习得领域的应用起到了重要的作用（郭鏊，2019）。他指出，在二语习得领域中，可供性是学习者在感知、理解外部环境潜在意义的基础上，与环境互动中所出现的学习行为。当语言学习的环境加入了技术的支持，可供性的内涵也被注入了新内容。那么对 CALL 技术可供性的探讨，就无法脱离辅助语言学习的功能，Affordance 在这个语境下表示技术促进（或阻碍）语言学习的特性。

此外，不同的技术会以不同的方式在语言学习中发挥特定的可供性。例如，在听力教学中，视频会议的软件能够实现远程交流，不受地域的限制。而 MP3 播放器可以让学习者将音频材料随身携带并随时播放，那么听力练习便可以随时随地进行。AI 的对话机器人（Chatbot）技术可以让你随身"携带"能答疑解惑的教师或者是口音纯正的外国人。不同技术有不同的可供性，而技术的日新月异也带来可供性的更多可能。

基于技术的可供性差异，软件都有特别设计的辅助语言学习的特性，但是如何更好地发挥软件的这些特性取决于技术的使用者对该软件功能的了解程度和使用的熟练程度。因不同的学习目的，同样的软件可能会被不同的人以不同的方式来使用，这主要由课程设计、使用者的能力和对软件的了解程度来决定。我们以超星学习通平台为例，学习通平台是国内大学常用的慕课学习平台，教师们对于该平台设计慕课、发布作业等功能都非常熟悉，可以很好地安排学生完成线上自主学习，但是只有少部分教师知道它还有很多其他功能，例如发布课堂讨论、课堂活动分组、生成课堂时间数据等可以用于线下课堂的智慧教学功能。由此看出，同样的一款软件，对了解其功能的使用者而言，软件能够被利用的功能就比较多，对不了解其功能的使用者而言，其功能就比较单一。所以，软件的实际可供性综合了两点因素：一是软件本身的固有可供性，二是使用者对其可供性的熟知程度。

软件会跟随计算机和其他设备的更新而更新，这也会影响到软件的辅助语言学习的可供性，例如目前常用的慕课学习平台都开发了手机 App，使用者用手机登录 App 可以随时打开学习平台，参与互动学习或完成教师布置的任务，教师也可以利用手机随时收取学习者最近的学习进展并给予及时的反馈。随着平板电脑和触摸屏以及智能手机这些手持电子设备的出现，连传统的笔记本电脑的概念也在不断地被挑战。手机自带的麦克风和摄像头，让视频通话这种锻炼学习者听说能力的活动随时随地发生。这些设备不但便携，且拥有计算机所无法比拟的功能，例如手写和语音输入等，这使无键盘输入成为可能。新功能的出现不断推动这些设备更好地应用于语言学习。

语言学习设备和技术的巨大发展预示着CALL将来更大的发展和更广泛的应用，特别是疫情改变下的世界，线上学习也催生了更多新的技术，但是我们也要非常清楚地意识到，CALL技术的可供性是受很多因素影响的。加拿大学者霍文和帕拉拉（Hoven and Palala, 2013）认为在MALL研究中，要从技术（Technology）、语境（Context）和学习者（Learner）三个方面全面理解可供性。技术的可供性存在于三者的关系中，这共同构成了本书所讲的"语言学习生态环境"，对生态环境构成因素的多样性的认知将大大提高技术可供性的发挥程度。

## 1.3 CALL常态化

疫情之后，"常态化"已经成为我们生活中重要的新词汇。CALL的"常态化"这一概念是由巴克斯（Bax, 2009）提出的，他认为计算机网络技术和语言学习的融合就是"常态化"，国内研究者们也结合国情提出了对这一概念的理解，他们认为未来CALL的趋势就是"计算机辅助"的说法不会被单独提及，甚至会被人完全忘记，因为它已经完全融入教学各要素中，成为语言学习的一部分。随着疫情影响的延续，计算机和语言学习的融合必将以不可阻挡的势头发展，成为语言学习的新常态。计算机辅助语言教学并不会理所当然地提高学习效果，其发挥的具体作用则取决于教和学主体，也就是教师和学习者以及由他们主导的教学生态环境，他们是CALL常态化的主导因素，也是本书研究的主要对象。从学生的层面来看，很多学习者面对新的教学模式和新技术时容易茫然失措，以计算机为基础的自主学习开展不顺利，例如不能熟练地利用网络获取所需学习资料，不能有效、合理、科学地利用网络自主学习时间，无法及时完成教师布置的网络学习任务，不能在自主学习时及时获得教师的帮助和反馈等，这样的问题很容易降低学习者的参与度和积极性。从教师的角度来看，教师的现代教育技术观念、理论水平与操作技能直接影响计算机辅助语言教学的应用，更不要说教学效果了。除了"人"的因素以外，以技术、模态、资源共同构成的CALL生态环境起到了决定性作用，这些都是影响计算机辅助外语教学常态化能否取得成果的关键因素。推动CALL的常态化，教育机构的作用不可忽视，学校在政策层面的导向非常关键，学校应大力支持和指导教师开展CALL的相关研究和改革，并且做好教学平台的技术保障和相关的财力支持。根据教育生态学观点，CALL要实现常态化需将以计算机技术为核心的现代教育技术融入教师、学习者和教学生态环境的各要素中，他们相互作用，相互联系，构成一个完整的生态系统。

## 1.4 全书概览

本书的多样性研究涵盖了计算机辅助语言教学领域中的主流问题，包括学习者行为、学习者培训、学习环境、学习资源、学习模态、学习技术、教师角色以及研究和实践的多样性。这八个章节（第2章到第9章），既相互关联又相对独立；既结合实例深入分析了各自领域的多样性实际，又共同构筑了CALL语境下语言教学多样性研究的整体框架。

本书第2章从学习者角度出发，结合数据追踪技术，通过收集整理和分析CALL软件记录的相关数据，分析了学习者学习过程中呈现出的学习行为多样性。分析结果显示：造成学习者行为差异的主要因素有学习者语言水平差异，学习策略差异，对CALL软件的熟悉程度差异等方面，因此为了规范学习者的无序学习行为，应提前对学习者提供CALL软件培训，还需提供学习方法和学习策略培训，同时需要教师及时提供学习支持和监管。

第3章仍旧关注了学习者，是第2章的延续。由于存在着学习者的个体差异以及培训过程中的诸多变量因素，CALL中的学习者培训问题一直是一个比较复杂且不断发展变化的课题，且长期以来备受关注。本章将探讨在此背景下学习者技术培训的多样性问题，尤其将重点讨论培训过程中的多样性以及学习者自身的多样性两个方面，通过真实案例展示，对其中存在的一些亟待解决的问题进行陈述和分析。

第4章到第7章关注了CALL整体生态环境的几个主要方面，即学习环境、学习资源、学习模态和学习技术。第4章中分析了CALL环境主要的五大类：面授环境、混合环境、远程学习环境、社交网络环境和虚拟环境，分别探讨以上五种环境以及各自的具体特征，并通过分析具体的案例来展示学习环境的广泛性和复杂性。多样化的学习环境不但提供了多样化的学习资源和交互方式，还能够提供个性化的教学模式和学习体验，并且可以根据教师和学习者的需求与进度进行调整和优化。

第 5 章关注的主要问题是学习资源的多样性，即开放式教育资源（OER）以及开放资源软件（OSS）的发展和相互结合的问题。OER 和 OSS 对于教育的普及性、创新性和可持续性都具有重要的意义，为建设开放、包容、共享的教育环境作出了重要贡献。但与此同时，开放式教育资源无可避免地面临着一些问题和挑战。本章围绕 CALL 资源的多样性展开讨论，在网络教育发展的大背景下主要探讨开放式教育资源，重点关注开放资源软件以及开放式许可协议的相关问题，最后对其产生的问题和影响加以阐述和总结。

第 6 章探讨了多元化的 CALL 学习模态，在 CALL 实践中对于模态多样性的运用表现为教学素材和活动计划的丰富度和适应性。在这种多样化的语言学习背景中，学习者得以通过众多感知方式深入参与学习过程。第 6 章涉及学习模态概述、多模态理论及在语言学习中的应用研究、多模态实例展示等内容。CALL 通过提供视听和动态互动的学习资源，帮助学习者内化语言知识、提高语言运用能力。CALL 的挑战在于如何有效地整合不同模态，为了最大限度地利用其优势，语言教育者需要在课程设计和实施过程中更加重视模态的融合和应用。

第 7 章关注不断更新的学习技术，特别是人工智能的引入，更是丰富了技术的多样性。文中深入探讨如何通过融合多种教育工具以应对学生各异的需求和学习方式，进而提升学习的灵活性和适应性。通过技术多样性的几个应用实例，展示了 CALL 技术如何支持和增强语言学习，促进有效学习。在未来，技术的不断创新，将进一步推动语言学习领域的发展。

在对学习者和生态环境相关的多样性研究结束之后，对语言教学中"学"的部分已经探讨完毕，接下来本书还关注了语言教学中"教"的部分。

第 8 章是教师角色的多样性研究，从教师在 CALL 教学中的意义和作用开始分析，首先明确了教师角色的不可替代性，在此基础上探讨了未来教师角色的多维度重塑，提出了未来教师的"人机协同"模式。

第 9 章分析了 CALL 所展现的多样性为语言教育界带来了深刻启示。CALL 的多样性不仅表现在技术手段和教学方法上，也反映在教育实践和研究范式的丰富多变中，CALL 在技术应用、语言习得主体、教学主体三方面展现出广泛的多样性。研究与实践构成了 CALL 领域发展的两个基石，二者互相约束又互为补充、促进。研究的助力使得实践得以升华，而实践本身也反过来催化研究的进步。只有深刻把握研究与实践之间内在的联动机制，才能实现它们的共同成长和进一步深化。

以上就是本书所有章节的内容，虽然希望涉及计算机技术用于语言教学的各个方面，但笔者竭尽全力也只能涵盖 CALL 理论和实践的一部分，这在技术多样性的章节体现得最为明显，技术本就日新月异，疫情之后，语言教学呈现出线上线下融合的新趋势，线上教学的发展大大加速了教育技术和教育软件的更新迭代。尤其是 AI 技术的发展及其在语言教学中的应用，人类语言学习的模式被颠覆式改变，本书只能尝试探讨当前技术对 CALL 领域的影响，难以全面覆盖快速发展的技术革新。

# 2 CALL 语境下学习者行为的多样性

## 2.1 概述

计算机技术在现代社会中无处不在，技术的发展彻底颠覆了二语习得教和学的方式，不同目的语的二语习得过程中都难免会使用 CALL 软件。对于 CALL 研究而言，更好地理解个体差异如何影响学习者对 CALL 语言资源的利用，是一个备受关注的子领域。这里的个体差异包括认知风格、工作记忆和学习动机在 CALL 任务中的作用，还包括学习者的学习策略、学习方式等，但 CALL 在利用个体差异来提高学习效率方面的潜力尚未充分挖掘。于是，学者们就开始关注，学习者在实际学习过程中究竟是如何运用 CALL 软件的。相关的问题有：学习者使用同一款 CALL 软件的方式是否一样或类似？学习者是否按照软件开发者的设计初衷进行学习？特别设计的软件功能是否真的提升了学习效果？如何能够较为准确地得知学习者对软件的使用方式？学习者培训如何影响他们合理地使用 CALL 软件？以上问题的回答都需要依靠数据追踪技术来完成。本部分通过分析数据追踪技术和各国使用数据追踪技术应用于语言学习的案例，了解学习者运用的不同策略。在各个案例中，通过对跟踪数据的分析，能够看到学习者使用软件的方式是呈现多样性特征的，而这种学习使用方法的多样性让我们看到，对学习者进行软件使用培训能够帮助他们成为 CALL 软件的有效使用者。

## 2.2 CALL 数据追踪和学习者行为

对 CALL 学习者行为的研究离不开数据追踪技术，对跟踪数据的研究使我们对学习者在语言学习过程中的具体行为有了比较清楚的了解。通过数据追踪研究，我们可以直接观察学习者的学习行为，进而为语言学习的有效性提供可视性的证据或反证。通过计算机跟踪学习者学习行为目前来看是最可靠的观察方式，利用计算机观察学习者行为时，被观察的学习者当时不会意识到自己的学习行为正在被跟踪研究，因此学习者会表现出自然真实的学习状态。

菲舍（Fischer，2012）总结了数据追踪技术的发展历程，数据追踪源于知识追踪的概念，知识追踪一词首次由阿特金森（Atkinson）于 1972 年提出。知识追踪是指根据学习者的学习记录（如答题正确与否、答题时间、对学习材料的使用方式等）对学习者的知识水平进行分析，以便准确地预测学习者的学习行为，为个性化教学提供依据。目前，CALL 领域的几个著名人物都在呼吁进行跟踪数据的采集和分析，其中包括妮娜·加勒特（Nina Garrett）和卡罗尔·夏佩尔（Carol Chapelle）。虽然本领域的学者们对跟踪数据的关注由来已久，但针对这一领域的深入研究并不是很多。主要原因可能是分析跟踪数据是一项艰巨而耗时的工作，要求研究者前期进行周密的筹划准备、实验中需要收集大量数据，并需要对效果进行预期分析，以及后期对大量数据的分析，在这个过程中有时还可能要面对一系列软件本身的技术问题。而且不少学者对数据追踪及其解读提出过异议，例如夏佩尔（2003）就曾提出，在帮助学习者学习词汇的阅读课程中，如果学习者点击了一个极度活跃的单词，这是否就意味着学习者不知道这个词的意思，并从弹出对话框的单词翻译中知晓了其含义呢？为了消除这样的质疑，研究者就需要在数据追踪之前通过前期测试或者后期测试的方式来提供证据以确保学习者事前不知道单词的意思而是通过软件了解了其含义。

因此，除了分析解读追踪数据的方式进行数据追踪外，研究者也开始使用 CALL 软件系统自带的观察方法。有些研究者曾经使用录制软件跟踪学习者在电脑上的学习行为（Pujola，2002；Glendenning and Howard，2003；De Ridder，2003）。软件搭配数据追踪插件也可以记录学习者的全部行为，这些学习者行为被以视频的方式清晰地记录下来。另有一些研究人员在电脑旁设置了摄像机，用来记录学习者使用软件的行为。还有部分研究者直接观察学习者使用软件的情况并加以记录。然而，使用 CALL 系统中的录像软件或跟踪记录功能捕捉学习者行为的方式似乎对学习者的干扰更小，同时与直接观察法相比更能提供对学习者学习行为完整而客观的记录，因此本章节的数据追踪都是以这种方式来进行的。

无论采用何种数据收集方式，对实验数据的分析都同样显示了学习者使用软件材料学习的不同方式和路径。菲舍（Fischer，2013）总结了利用 CALL 学习软件的两种交互方式：以计算机为媒介的人人交互（如微信、微博等）和以计算机为学习内容的人机交互（如语言学习软件等），人机交互的数据记录比人人交互更加多样化，例如当学习者利用电脑软件学习第二语言的某个特定内容时（如利用多媒体进行阅读和听力练习），对跟踪数据的分析表明：学习者对软件中的工具和资源使用呈现多样化状态。

## 2.3 学习者行为的多样性

本章节将侧重说明学习者在人机交互时使用软件的各种模式，尤其是人工智能时代的新型人机交互模式下的学习者行为的多样性。

### 2.3.1 实例一：有序和无序的学习者行为

迪宗和唐（Dizon and Tang，2020）做了一项针对日本大学生使用 IPA（本研究中使用的软件名为 Alexa）进行二语学习的研究，该研究从三所私立大学选取 20 名学生自愿参与本研究，这 20 名参与者来自非语言专业，且初始二语水平有一定的差异。研究期间，每位参与者都被口头告知，他们向 Alexa 发出的指令都将存储在云端，并供研究人员随时访问。该研究为参与者配备了第三代 Echo Dot 智能音箱，参与者将使用 Alexa 进行自主课外语言学习，实验时间是 2019 年 7 月至 9 月，为期两个月。在试验期间，5 名学生在数据收集期间并未使用该设备，1 名学生无意中删除了与其账户关联的所有 Alexa 数据。因此，该研究分析的数据只有 14 名学生的指令，而不是最初同意参与研究的 20 名学生。此外，有 9 名参与者完成了研究结束时进行的问卷调查。该研究包括定性研究，通过一项问卷调查来调查学生对 Alexa 用于自主学习的看法，以及定量研究，即对 Alexa 收集的学习者的使用数据进行整理分析，特别是向 Alexa 发出的英语指令的频率以及学生在沟通中断时的反应，即 Alexa 未能完全理解学生的情况。

实验结果表明，学习者对 IPA 有积极态度，普遍认为持续使用 IPA 能够提升他们的英语水平，对口语能力提高有帮助，尤其是发音的改善方面。但是，数据显示，在所有的 14 名被试者中，有 3 名学生在使用 Alexa 1 天后就停止使用了，而另外 4 名学生在使用 5 天或更少天数后停止使用。也就是说，虽然学生不反对使用 Alexa，但是他们在实际使用中表现得并不积极（见表 2-1）。另外，数据也显示，使用 IPA16 天以上的 4 名学生与 Alexa 的互动程度很高，其中，最活跃的学习者与虚拟助手互动了总共 30 天。该实验也分析了相关的原因。首先是年龄因素，大学阶段的学生，其学习行为确实呈现出了无序性。其次，被试者的初始二语（L2）水平也是决定他们与 IPA 互动活跃程度的重要因素。德斯马雷（Desmarais, 1998）和他的团队的一项学习者追踪研究也有类似的发现，与高级学习者相比，低水平二语学习者往往表现出更无序的行为。最后，一些参与者在开放式回答中提到的技术困难和语言理解问题可能也影响了他们的使用意愿，最终导致了他们中途放弃。

表 2-1　学习者软件使用情况（Dizon and Tang, 2020）

| Items | Mean | Stomdard Deviation |
| --- | --- | --- |
| Total commands given | 282.64 | 454.51 |
| Commands given per day of use | 29.72 | 26.06 |
| Days used | 10.64 | 10.31 |

参与者不同程度地遇到了与 IPA 沟通失败的情况（包括实际技术故障和参与者认为互动无法进行的情况），数据显示，实验过程中这样的技术故障有 139 次，例如参与者发出的指令 IPA 无法理解等情况，遇到这种情况，63% 的参与者选择放弃本次沟通，20% 的参与者会尝试重新措辞，发出新的指令，剩下的 17% 会将相同的指令再尝试发出一次（见图 2-1）。这可能是因为本次实验的参与者是在完全无人观察的自然状态下与 IPA 沟通，因此放弃

对他们来说可能是最简单的选择。由此可见，正如博特罗（Botero，2019）所指出的，当学生在使用手机进行自主学习和课外语言学习时，必须给予他们适当的培训和持续的指导，以提高学生与 IPA 互动的积极性，并降低他们因沟通失败而放弃的比例。

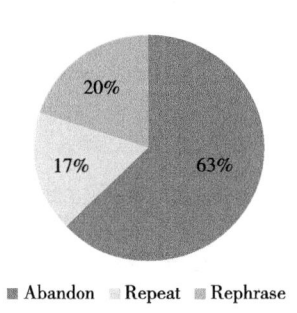

图 2-1　沟通失败后学习者的反应比例（Dizon and Tang，2020）

通过对各组实验追踪数据的分析，研究者发现分析结果显示出学习者之间学习模式的巨大差异，即有序学习行为和无序学习行为。有序学习的学习者采用软件设计者预设的线性模式进行学习；而无序学习的学习者，其学习活动始终处于混乱状态，在教学材料间进行跳跃性学习。在软件使用方面，学生的无序学习行为表现为不按照软件使用步骤操作，甚至部分学生在最初尝试后即停止使用，反映出其学习行为缺乏持续性。具体而言，3 名学生在 1 天后就不再使用 Alexa，4 名学生在 5 天后停止使用，这表明学生虽对新技术持开放态度，但在实际操作中缺乏持续的动力。随着数据分析的进一步深入，尽管有一些学习者在学习初期表现出无序的学习行为，但当学习者逐渐熟悉软件内容后，其学习行为将会变得逐渐有序，这种有序表现为按照软件设计的学习步骤学习或者是按照学习者自己的学习规律学习，在传统语言学习模式中已经有研究者将这种学习模式定义为绝对有序学习和相对有序学习（Desmarais et al.，1998）。

研究中也发现，学生与 Alexa 的互动程度与其初始二语水平有关，初级学习者表现出更无序的学习行为。这可能是由于初级学习者在语言学习过程中遇到更多困难，而缺乏有效的解决策略或外部支持。同时，技术问题和语言理解困难也是导致学习者中途放弃的原因之一。在沟通失败时，大部分学生选择放弃本次互动，少部分尝试重新措辞或重复相同指令，这说明学习者在遇到挑战时缺少坚持和解决问题的意愿或能力，可能是因为他们对于Alexa用于语言学习缺乏信心，而放弃了再次尝试。但经验相对较多的学习者和英语熟练程度更好的学习者更能有效地使用CALL软件。

因此，在引入IPA等新技术辅助语言学习时，应提供适当的培训和持续的指导，以促进学生的积极参与，并帮助他们克服技术和语言上的障碍，减少二语水平低的学习者因困难而放弃的概率，同时推动他们尽快进入有序学习的状态，保证实现软件辅助语言学习的特性，提升学习效果。

### 2.3.2　实例二：听力学习策略的使用

卡克马克（Çakmak，2021）在土耳其的大学进行了一项实验，旨在研究在移动学习环境中，学习者在自行控制听力训练时采用的导航策略（Navigation Strategy），以及他们对听力材料的元认知意识能否帮助他们提高文本回忆和偶然词汇习得。本研究随机选取土耳其某大学公共管理专业的47名大一新生，他们母语都是土耳其语，实验进行前的英语测试显示，参与者的英语水平大约是剑桥分级测试中的A2水平。参与者被随机分配到实验组（n=24）或对照组（n=23）。实验当天，两组参与者隔断任何的信息沟通，参与者们都被要求在手机应用程序中收听一个来自美国之声慢速英语的故事，名为《法官》，时长为13.56分钟。实验组学习者可以使用导航策略，即可以通过音频控制工具控制听力过程，而对照组则无法控制音频。实验前，参与者被告知录音播放两遍，且听力结束后他们需要用母语复述故事内容。听力结束后进行了偶然词汇习得测试，因为是测试听力中偶然词汇习得，因此这个测试在实验前并未告知参与者。听力测试进行中，手机应用程序连接网络数据库，两组参与者进行听力实验的数据都将被收集和记录下来，并保存在数据库中供随时下载，这些数据包括参与者在应用程序中作出的主要按键动作，例如暂停（Pause）、播放（Play）、停止（Stop）、重播（Replay）和结束（Finish），以及参与者倒带和快进的次数，重播的次数，查询单词停留的时间等数据。

针对实验组的数据分析表明，听力测试中导航策略的使用，形成了学习者对听力材料的三种不同的处理方式，即全局型（Global，一次性播放全部听力材料，中间不暂停）、分析型（Analytical，听力材料播放中有一次或多次暂停倒退等中断操作）和分段型（Segmented，听力材料被分段听完）（Roussel，2011；Çakmak，2021）。在本实验中，实验组参与者在听力材料播放进行第一遍时，46%的参与者使用全局型策略，还有46%使用了分析型策略，但第二遍听力材料播放中，分析型策略的使用者升高到75%。

研究结果表明，当学习者能够控制听力过程时，他们更倾向于采用分析型策略，这可能表明，语言水平较低的学习者更倾向于将较长的文本处理成小段，分段理解，从而获得整篇文本的意义，因此他们可能需要更多时间来理解文本（至少在第一次听力材料播放时）。值得注意的是，有些学生在第一次听力材料播放时采用了全局型听力方法，但在第二次听力材料播放时转为分析型听力方法。罗素（Roussel，2011）认为，这可能表明学习者一般的听力策略是先获得整体印象，然后关注文本细节来验证第一遍的听力理解。

从两组的对比结果来看，能否进行听力的操控，并未影响测试的结果，两组在故事复述和偶然词汇习得测试中的差异不明显。相反，不能操控听力的对照组参与者，因为提前预知无法暂停或重听，他们在听力测试的全程更加全神贯注，也就是说参与者的直接注意力更加集中，听力理解效果更好，直接注意力和听力表现之间的正向关系已经在很多实验中得以验证（Al-Alwan et al.，2013；Li，2013；Tavakoli et al.，2012）。但从另一个角度来看，听力材料播放过程中的自我操控可以在一定程度上降低参与者的焦虑程度。

里文斯-蒙皮安（Rivens-Mompean）和吉尚（Guichon）也进行过类似的实验，记录分析了参与者利用手机应用程序看视频材料时，利用笔记来提高听力理解的策略。他们组织英语水平高低不等的二语学习者参与实验，被要求在观看一个两分钟视频的同时写下关键词，然后在线输入笔记，并在电子笔记本中编写视频文档的摘要。实验过程中他们可以使用在线词典和视频控制按钮等听力辅助工具，这些按钮允许他们暂停和倒带视频。研究者根据学习者观看视频时的行为确定了三种策略，一是全局观看：观看视频时从不暂停；二是分段观看：将文档的观看分为较短的段落；三是全局和分段结合观看：首先从头到尾观看报告，不可以暂停，然后进行第二次观看，允许一些暂停和倒带操作（Rivens-Mompean and Guichon，2009）。

实验结论是，在本实验中最有效的视频理解策略要么是全局观看，要么是分段观看，可能因为本实验的视频较短，只有两分钟，而暂停和倒带等导航按钮更适用于理解长篇内容。

通过两个实验共同发现，学习者在自主控制学习材料（如听力或视频）时，会采用不同的策略来提高理解和记忆，如全局性观看/听、分段性观看/听和在初次全局性了解后进行细节分析。学习者试图通过不同方式处理信息，以适应自己的学习需求和偏好。但无论哪一种听力材料的处理方式所能达到的效果，都跟学习者的专注力密切相关。

此外，两个手机辅助的听力测试的实验者在实验总结中都提到，听力策略与听力材料理解程度呈现正相关，且里文斯-蒙皮安和吉尚还得出结论，如果学生意识到自己的听力策略能达到良好的效果，他们往往会重复该策略。卡克马克（2021）也认为，如果参与者能够清楚地认知自己无意中使用的听力方法是一种元认知的策略，会大大提高学习者的动力、自信心和掌控感。通过对学习者进行元认知策略的培训，学习者可以发展针对二语听力的策略性方法，改善听力理解，并帮助他们应对二语听力表现中可能出现的波动。因此，建议在设计听力任务时，先设计全局型听力任务，从整体上把握听力的完整内容，再结合教师的教学指导，进行元认知策略培训，使CALL辅助听力学习成为一种更有效、更成功的学习工具。

### 2.3.3 实例三：自主学习时间安排

希尔团队（Sher et al., 2022）利用数据追踪技术，以全天开放的学习平台 LMS（Learning Management System）上存储的参与者数据为基础，进行了学习者学习时间和学习模式的关联性研究。实验选取了加拿大某大学的 LMS 平台上的参与者使用平台的数据，这些数据基于两个本科生的学习项目，为期两个学期，包括作业、测验、考试和在线讨论题目等，在对这些会话数据的分析发现，参与者使用不同设备（手机、电脑或平板）的学习方式和学习时间之间的关联性，具体表现为：无论是工作日还是周末，下午的移动会话显著增多；无论是工作日还是周末，电脑会话的比例在一天中保持不变，但短电脑会话除外，其比例在周末全天保持不变，而在工作日的早上和晚上显著增多。学习者对学习工具的选择是多样的，且会因一天的不同学习时段（早晨、傍晚、下午和夜晚四个时间段）而异。本实验数据表明，学习者的在线学习行为在一天中的分布存在显著差异，对于不同类型的学习者，他们在工作日和周末的学习时间分布模式也有所不同。学术表现较好的两组：计算机主导型和密集型的学习会话主要发生在晚上。考虑到下午、傍晚和晚上分别是手机和电脑会话最活跃的时间，并且与学业表现优秀的学生最为相关，因此提高学业表现不佳的学生对总体投入时间和特定投入时间之间联系的认识，可能会促使他们自我纠正学习模式。教师在设计和安排在线学习活动时，应考虑学习者的时间偏好和设备使用习惯。基于学习者的学习时间偏好和常用学习设备，个性化地推送学习资源和通知，以增加平台学习的黏性和有效性。对于不同模态偏好的差异，教师应鼓励学习者利用不同时间段和不同设备进行学习，以促进学习的灵活性和多样化。此外，对于学习者而言，有效的时间管理是自主学习的关键，教师还可以向学生提供时间管理策略培训，帮助学习者更有效地安排学习时间。对于日常学习活动的安排应考虑学习者的学习时间偏好，包括工作日与周末的差异，以及不同时间段的学习效率和偏好。

### 2.3.4 实例四：约束策略的使用

前面提到，在CALL的自主学习中，学习者的学习时间安排与学业表现有一定的相关性（Gromada and Shewbridge, 2016; Romero and Barbera, 2015; Sher et al., 2022）。学习者如何更好地安排时间，通过自我约束实现有效的自主学习显得尤为重要。因此，自我调节策略（Self-Regulating Strategy）和脚手架理论（Scaffolding Theory）的研究在移动学习领域逐渐兴起。自我调节在自主学习中必不可少，它可以这样表述，自我调节型学习是一个积极、建构性的过程，在这个过程中，学习者设定目标，然后尝试监控、调节和控制自己的认知、动机和行为（Pintrich, 2000）。脚手架理论由布鲁纳（Bruner）结合维高斯基（Vygotsky）的最近发展区理论（Zone of Proximal Development, ZPD）提出，也叫鹰架理论或支架理论，该理论将建筑中的脚手架比作教师为学习者提供的符合他们认知层次的支持、引导和协助。在CALL语境下，脚手架包括教师或计算机等外部监管机构所使用的工具、策略和指导。在计算机学习环境中，脚手架通过四个属性进行校准，包括诊断、校准支持、撤出和个性化（Azevedo and Hadwin, 2005）。

博特罗团队（2019）做了针对移动辅助语言学习（MALL）中的自我调节和脚手架理论的实证研究。他从哥伦比亚某大学选取 52 名学生，法语为第二外语，每周课上学习 6 小时，同时要求学生们每周必须进行 12 小时的课外法语学习，在本实验中参与者须使用语言学习平台 Duolingo 完成 12 小时的课外学习。参与者被分为一个对照组和两个实验组。两个实验组受邀通过语言学习平台 Duolingo 进行自愿的语言学习，对照组不使用该软件。其中一个实验组接受了自我调节训练，并在学习过程中获得了脚手架支持。具体而言，实验组 1 的前期培训中仅介绍如何使用 Duolingo 应用程序，但对实验组 2 的介绍则增加了关于自我调节以及学习中的自我调节子过程的说明。此外，还向实验组 2 的学生展示了自我调节子过程是如何在 Duolingo 的功能中体现的，以及他们如何利用这些功能来完成既定目标。

两组学生的既定目标都包括 32 个 Duolingo 学习单元，分为 174 节课。实验组 2 还获得了脚手架支持，具体为：一是 Duolingo 上相关的课程大纲，该大纲详细地列出了每个单元的子目标，子目标要求每周平均花费三小时与应用程序会话。二是他们可以在需要时随时向教师寻求帮助。此外，他们也可以向"服务台"发送邮件来寻求帮助。

实验结果显示，有一部分参与者中途退出了该实验，并未完成 174 节课的学习，其中，对照组退出的人数最多，而实验组 2 没有人退出。接受过自我调节训练并获得了临时脚手架支持的学生在 Duolingo 平台上的参与度明显更高，Duolingo 的高频使用与法语写作技能的提高之间存在正向相关性。但是，参与者在使用 Duolingo 系统时，并不会自觉使用该系统自带的自我调节功能，只有在脚手架支撑的情况下，参与者才会用到自我调节的功能。因此，教师的培训和指导有助于学生在自主学习过程中使用自我调节策略，教师的指导应着重体现在这些方面。教师要定期进行提升学生自学能力的培训和自我反思，培训内容包括自我调节策略的必要知识，反思内容包括与自我调节策略相关的教学策略，教师设定学习目标、规划、监控、评估等各个环节。教师要为学生制定适当的脚手架策略来帮助其顺利完成自学内容，对学生进行元认知的策略指导，让学生明白他们的学习是在正确的策略指导下完成的，从而信心满满地应对计算机辅助的自学任务。

### 2.3.5 小结

这些实例共涵盖了不同领域内关于计算机辅助语言学习的研究，包括学习者行为、学习材料的使用、学习策略，以及学习时间和模式的差异。各研究涉及不同的语言（如英语、法语、西班牙语），并在多个国家和地区（如日本、加拿大、土耳其、哥伦比亚）进行，而研究对象的二语水平也存在差异（如初学者、中等程度者和高等程度者）。实验工具和平台包括 IPA（智能个人助理）、LMS（学习管理系统）、移动应用（如 Duolingo）等。

从共性方面看，所有研究均关注了 CALL 语境下学习者的行为模式和学习效果，强调了个体差异在学习过程中的显著性，如学习者的自主性、对技术的适应性、学习策略的采用等。研究显示，学习者的积极参与度、学习策略的选择以及学习时间和方式的安排对学习效果有直接影响。此外，学习者对于 CALL 技术的态度和使用意愿以及他们在遇到困难时的应对策略，均是影响学习过程和结果的关键因素。因此，这些研究中的学习者以各自不同的方式使用了软件，且与软件设计者的初衷相去甚远。无论这些研究偏重哪种角度，二语总体水平、二语特定方面的成绩、多媒体使用技术经验，或是单纯考虑学习者年龄，都反映了一个普遍的问题，就是水平较低的学习者通常在使用软件时的条理性更差。

虽然存在一定的共性，但每项研究侧重点各异。各个水平层次的学习者使用软件的行为方式不同且学习者个体差异很大，这也让研究者们很难得出学习者使用软件模式的一般性规律。所以，对于这个一般性规律仍需更多地研究或者更加细致地分类才能总结出来。一些学者也做了这方面的尝试，例如迪宗和唐的研究聚焦于学习者使用 IPA 进行语言学习的行为模式，特别是学习者与 Alexa 互动的情况；而希尔团队的研究则关注学习者在不同时间段使用不同设备进行学习的模式；卡克马克的研究则专注于移动学习环境中学习者的听力训练策略。这些差异展现了 CALL 研究的宽广领域和多样化视角，从学习者的行为模式、学习策略的选择到学习时间和模式的安排等各方面都有所涉及。

从这些研究中可以看出，虽然 CALL 提供了丰富多样的学习资源和便捷的学习途径，但学习者的个体差异、对技术的接受度以及学习策略的有效性对于提高学习效果至关重要。此外，教师的指导、学习材料的设计、学习平台的友好性以及学习社群的支持等外部因素也在学习过程中起到了不可忽视的作用。

## 2.4 结论及启示

对追踪数据的分析显示，由于学习者在学习动机和学习策略以及水平上的个体差异，在使用 CALL 软件的模式上也是千差万别。学习者学习方式的多样性的研究对于回答一系列的 CALL 软件使用的相关问题都很有启发，例如如何充分利用 CALL 材料贯彻实施二语习得学习规则、CALL 软件对语言学习的实际影响程度如何等。

为了指导学习者合理使用软件，我们需要为学习者设计合理的学习环境，但由于单机电脑软件被网络软件所取代，在单机状态下，CALL 软件结合二语习得规则进行软件设计，在特定知识点上为学习者提供特定学习方式，这样便可以严格监控学习环境，但随着网络软件的大规模应用，这些严格设定已经失去了意义，学习者在网络上可以即刻接触和处理无尽的资源，虽然资源的获取变得更加自由，或者说无法限制，那么面对海量未经过筛选的学习材料，学习者的自主性突显，以学习者为中心的设计开始成为规范，教师在其中扮演了学习资源和学习软件的筛选者，以及学习过程的设计者这样的角色（详见第 8 章），而软件应关注那些帮助学生专注力提升，自我规范提升的功能，对于那些分散学生专注力的功能则能简则简。

此外，前面所述的实例研究均表明对学习者进行软件使用培训很有必要。但学习者使用软件中会遇到各种问题，要解决这些问题才能把学习者培训为 CALL 软件的有效使用者，而这无疑还需要一个长期过程。而这个过程只是培养学习者有效地使用语言学习策略的一部分，语言学习策略的重要性还体现在实例二中，在 CALL 软件使用过程中，有些学习者缺乏对二语习得的基本理解，不熟悉二语习得规律和相关理论，于是采取和学习其他科目一样的学习策略，但当他们发现这种方法无法帮助他们有效地习得语言时就会感到挫败从而失去语言学习的信心，甚至放弃，从而作出和软件设计者预期相反的学习者行为。实例二中听力软件的功能设定可以允许学习者自行操控听力材料，也就是他们可以快进倒回或者重复收听。但是一部分学习者无法从学习软件得到预想的回应，或回应失败后，就会选择放弃。对于二语习得策略的认知缺失使得学习者无法形成适合他们自身的语言学习策略，更不要说把这些个性化的策略在 CALL 软件使用过程中去实践了。因此，对于那些在传统语言课堂中表现较差的学习者而言，课外进行的 CALL 语言学习对他们来说情况更复杂，更加难以应付。这种情况下，对于这些低水平的学习者进行学习策略培训非常有必要，例如实例二中的元认知策略，对学生元认知策略的培训，需要教师们先意识到元认知策略对学习者的重要意义，才能将相关的培训引入课堂，因此对学习者语言学习策略的培训是一个长期而艰巨的任务。对学习者进行 CALL 软件使用培训包括两个部分，一方面要指导学习者有效运用教学策略辅助学习，另一方面要指导他们正确使用技术资源支持其对教学策略的运用。

众多 CALL 领域先驱者（Hubbard，2004；Levy and Stockwell，2006；Kolaitis et al.，2006；Kassen and Lavine，2007；Winke and Goertler，2008a），以及其他研究者特别强调指出了对学习者进行软件和学习策略培训的必要性。其中，菲舍（Fishcer，2012）提到了研究者们（如 Hubbard，2004）大力推荐对 CALL 语言教学的参与者们进行学习策略和技术方面的全面培训（详见第 3 章）（见表 2-2）。

表 2-2　哈伯德（Hubbard，2004）的学习者培训策略

| 策略名称 | 策略内容 |
| --- | --- |
| 教师亲自体验 | 教师应亲自体验使用 CALL 软件进行语言学习，包括教师端和学生端 |
| 对学习者进行学习策略培训 | 教师应指导学习者进行语言学习策略的培训 |
| 运用循环方法强调重要环节 | 在学习者接受学习策略的指导后，教师还应指导学习者在语言学习的实践中运用这些策略，再以循环的方式进行复习巩固。研究证明，循环重复是有效加深理解与记忆的一种学习方法 |
| 组织学习者的反馈汇报 | 多数 CALL 软件均为学习者在课外独自使用，使用期间可能缺乏教师的跟随指导，因此有必要有意识地组织学习者之间的反馈交流活动，以达到发现问题，协作解决问题，相互学习借鉴的目的 |
| 软件基本使用方法培训 | 教师应指导学习者学会如何充分利用软件，以便于他们从软件所给材料和资源中获得最大收益 |

综合前述案例，"对学习者进行学习策略培训"和"软件基本使用方法

培训"可以帮助学习者解决无序学习、无法应用学习策略等学习者行为问题。这两个问题都是因为学习者对语言学习策略不熟悉并且对如何正确使用学习材料不清楚所致。因此，学习者将从这两种学习培训中获益。

前述实例中都出现了学习者无法有效使用学习材料，或无法合理规划学习时间的问题。无论在传统教学还是 CALL 学习中，在学习目标不明确且没有得到足够帮助的时候，学习者难以维持持之以恒的学习动力。美国心理学家耐特（Knight）和瑞莫斯（Remmers）通过实验发现，如果被试者认清学习目标，就会产生强烈的学习动机，若学习者搞不清他们要做什么即学习目标不清，则学习动机和兴趣都处于较低水平。除了明确学习目标外，教师还应该善于帮助学生搭设"脚手架"来帮助学生一步步前进，直到学习目标达成。例如实例四中，学习者获得教师提供的相关的课程大纲，该大纲还详细地列出了每个单元的子目标，以及要达到目标需要如何与软件 Duolingo 会话互动，并可以随时向教师提出问题并获得帮助。在这些脚手架的帮助和指导下，学习者更愿意去探索更多的学习材料以及软件的更多功能。如果学习者明白软件中的附加内容可以帮助他们达到更好的学习效果，他们就会更加积极充分地利用这些资源，以便最终提高学习成绩。

根据以上两个培训策略的分析，基于 CALL 软件的相关课程材料或软件使用说明材料外，还应包含两个基本的部分：明确教学目标和相应目标步骤指导。但是即便向学习者提供了非常详细的软件使用说明，软件中也设置了相应的解释、演示、说明及提示，同时教师也提供了详细的学习步骤及目标的脚手架建议，也并不意味着学习者会接受并照做（Pujola，2002）。因此，以上策略的成功实施可能需要教师现场进行软件使用演示、软件各部分的教学目标说明以及指导，并要求学生即刻实践这些步骤以帮助他们更好地掌握软件的使用方法。

这种人为干预在语言实验或面授环境下容易进行，但在远程教育环境下会存在很大的不确定性，前面的所有实例都不涉及远程教育，但有一些是以学习者自主学习为主的实例，实验过程中学习者可以随时联系教师和服务台来寻求帮助，基本解决了课下自主学习的问题。因而在远程教育中，我们可使用电话会议、电视会议、聊天，甚至远程桌面系统来解决远程学习者的学习问题。这就要求教师们投入大量的课外时间去监控学习者的学习数据并在其中发现他们使用 CALL 软件的问题，然后主动帮助学生解决问题，尽量在学生放弃学习前将他们拉回学习的正常轨道。为了在远程教育中成功实施以上策略，教师们需要在课程材料中明确教学目标和实施步骤，同时利用各种远程沟通工具来解决学生的学习问题。这将需要教师投入更多的时间和精力来确保学生能够充分掌握 CALL 软件的使用方法，并在学习过程中得到及时地帮助和支持。

  总体来说，这一章节阐述了学习者在语言学习阶段如何运用各种不同类型的软件工具和资源。对追踪数据的深入分析揭示了学习者在使用 CALL 软件时所采取的方法各不相同。他们在执行学习任务时采用了高度个性化和差异化的方法，这使得用标准的分类方法对其进行定性分析变得困难，也就难以得出相应的概括性结论。然而，从多个案例中我们可以得到这样的启示：绝大部分的学习者显然需要接受学习方法的培训，以确保他们能够成为软件的高效用户。对学习者的培训包括两个方面，即软件使用方法的培训和学习策略的培训。同时，教师还要随时监控学习者的学习行为。在学习者发生偏离、懈怠甚至放弃的行为时，教师及时的反馈和提醒能够让学习者感知自己仍然被关注，这样的关注能够迅速将他们带入正常的学习轨道。为学习者提供相关的培训和监管并非易事，是一项充满挑战并且需要长期投入的工作，特别是在远程学习环境中，与学生的沟通变得更加不可控。但从长期的视角来看，这仍然是一个值得我们投入更多时间和精力的任务，学习者必将从中获益。

# 3 CALL语境下学习者培训的多样性

## 3.1 概述

在计算机辅助语言学习中，学习者的技术发展能力是一个很重要的因素。尤其是在以二语习得为目标的学习体系当中，如何提升学习者技术发展能力已经成为重要的教学目标之一。这种能力是指学习者通过学习和实践不断提升和发展的利用技术解决问题以及创新和应用的能力，它是学习者利用现代技术辅助进行语言学习所需具备的综合能力和特定能力的总称。具体来讲，这些能力主要包括基本技术操作能力、多媒体资料利用能力、在线资源搜索能力、语言学习软件应用能力、在线交流与合作能力、数据管理与进度跟踪能力等。相关的研究和实践都证明，这些能力的发展需要学习者不断地积累知识和经验，需要对学习者进行持续有效的培训和指导。在当前技术不断创新与发展的时代，学习者培训是提升技术能力、改善语言学习成效的重要手段和必经之路。通过科学合理的培训安排和有效的教学方法，学习者技术能力培训可以帮助学习者更好地适应数字化、网络化的学习环境，提高学习效率和强化学习动机，从而提高自主学习的能力和质量，更好地实现语言学习目标。随着CALL软件在语言教学中得到越来越广泛的认可，对外英语教学（TESOL）技术标准文件资料中就曾列出了一套语言学习者的效益指标（Healey，2009），其中就隐含地表示：教师有责任培训学习者，从而提高他们的技术发展能力。

由于存在着学习者的个体差异以及培训过程中的诸多变量因素，计算机辅助语言学习中的学习者培训问题一直是一个比较复杂且不断发展变化的课题，且长期以来备受关注。本章将探讨在此背景下学习者技术培训的多样性问题，尤其将重点讨论培训过程中的多样性以及学习者自身的多样性两个方面，通过真实案例展示，对其中存在的一些亟待解决的问题进行陈述和分析，并提出有效改进的方案和建议，以期对该领域的实践和研究有所贡献和启示。

## 3.2 学习者培训中的多样性问题

学习者培训中的多样性问题主要体现在培训过程的多样性以及学习者自身的多样性两个方面，而学习者培训的必要性也十分值得探讨。

### 3.2.1 学习者培训的必要性

最早认识到培训那些被公认为"有电脑知识的人"即美国大学生的必要性的学者是巴仑特（Barrette）。在她2001年的文章中，巴仑特通过文献综述指出之前的研究中鲜有明确的证据表明对参与者具备的电脑知识以及他们实际电脑应用能力方面进行过研究。然后在自己的调查研究基础上，她得出了如下结论：了解学习者电脑知识水平并为其提供相应培训是有效使用CALL软件的重要步骤。在以后的几年中，温克和戈厄特勒（Winke and Goertler, 2008b）又在巴仑特研究的基础上进行了一项范围更加广泛的研究，最终发现：许多学习者没有接触过CALL或不具备CALL所需的专业性工具使用知识。在这期间，克莱提斯（Kolaitis）和他的同事们进行了一项为期三年的研究项目，得出结论称：技术培训不仅会对学习者与CALL软件的交互对话产生积极影响，而且还对参与指导的教师教学具有明显的反拨效应（Kolaitis et al., 2006）。奥布莱恩（O'Bryan, 2008）也采用了与前面的研究者相同的模式，其研究显示：即使非常短时的培训（三分钟时间）也会对学习者网络阅读时使用帮助工具产生重要影响，尽管这一影响也许在统计数据时并不十分显著；另外，这种培训还会明显提高学习者对辅助工具重要性的认识。近些年来，在现代技术与语言学习的主要期刊中出现的诸多调查研究表明，当为学习者提供培训时，多数情况是仅仅在研究初期提供基础培训以确保学习者对软件使用有所了解。研究中鲜有证据表明对如何将软件应用练习与语言学习目标相结合进行培训或对初期之后的软件使用进行培训，这成为一个值得关注的问题。然而，几乎所有的文献都表明：为学习者提供此类培训会提高学习成绩，学习者技术培训对于提高语言学习效果具有十分重要的作用。在当前新技术高速发展的环境下，学习者培训的必要性主要体现在以下几个方面：

①提高学习效率：在计算机辅助学习环境中，掌握技术能力以及学习策略可以帮助语言学习者更有效地利用各种在线资源和学习工具来支持学习，从而提高学习效率。例如，他们可以通过在线课程、语言学习应用、多媒体资源等获取更丰富的学习资料，更轻松地进行听力、口语、阅读和写作等练习。

②拓展学习途径：技术能力培训可以帮助语言学习者了解和掌握各种现代技术工具和平台，掌握网络搜索技巧和多媒体应用技能，从而拓展学习渠道和路径。通过在线课程、语音识别软件、在线交流平台等，学习者可以灵活选择适合自己的学习方式和学习资源，从而更好地满足个性化学习需求。

③增强学习动机和自主学习能力：学习者掌握了技术能力后，会发现学习变得更加有趣和便利，可以通过在线社区和论坛与其他学习者进行交流和分享，获得鼓励和支持，增强学习动机，激发学习兴趣，提高学习积极性。他们还通过技术培训学会自主解决学习过程中遇到的技术问题，培养自主学习的能力和自信心，提高对学习过程的掌控能力。

④适应数字化学习环境：随着数字化技术的不断发展，学习环境和方式也在发生改变，传统的教学模式逐渐向在线学习和远程教育以及虚拟教学转变。学习者通过技术能力培训掌握各种先进计算机技术操作能力，可以更好地适应这种数字化学习环境，融入现代学习方式中，提高学习的适应性和灵活性，提升自己在数字化时代的竞争力。

### 3.2.2　学习者培训过程中的多样性

学习者培训过程的多样性主要体现在培训内容、形式、时间以及强度四个方面。

#### 3.2.2.1　培训内容

学习者技术能力培训通常是由教师或技术工具开发者提供的。培训的内容具有多样性的特征，这主要体现在学习者在计算机辅助语言学习中不但需要操作技术本身的支持，还需要掌握如何有意识地让技术的使用延展为一种学习策略，并且从教师教学的角度控制自己的学习路径和节奏。基于此，我们可以将学习者培训的内容划分为三种类型，它们分别是：操作技术培训、学习策略培训、教学方法培训。早在2010年就有研究者提出这种三段式的学习者培训模型（Romeo and Hubbard，2010），为现在的培训内容多样性研究提供了扎实的理论基础。三种类型的培训内容各自有所侧重，在实际学习环境中需要根据情况适当调整比重。

1. 操作技术培训

操作技术培训对于CALL语境下的学习者来说是最基本的技能培训。在当前新技术高速发展的大环境下，要想有效地利用各种计算机辅助学习工具和应用软件等来提升语言学习效果，就必须熟练掌握操作技术。早在二十多年前巴仑特、温克和戈厄特勒就曾明确提出：许多学习者缺乏有效使用电脑进行语言学习的精神准备，因此技术培训非常必要。如今，技术发展日新月异，数字化和网络化的学习环境让学习者技术培训显得更加重要，技术培训已成为计算机辅助语言学习的必需。

此类培训不仅限于基础的计算机使用知识，还包含其他领域的相关知识和技能，如基本应用、特殊软件的使用以及专业应用的CALL软件等。具体来讲，培训的主要内容包括以下方面：

①基础计算机操作：包括操作系统的基本功能，文件管理，文件夹和文件的创建、移动和删除等。

②应用软件操作：学习者需要熟悉使用各种语言学习软件和工具，如在线词典、语言学习应用程序、语言学习游戏等。其培训可以包括基本的软件操作技能，如搜索、下载、安装、注册等。

③多媒体资源利用：学习者需要了解如何有效地利用多媒体资源，如视频、音频、图像等，来提高语言学习效果。这可能涉及学习如何观看外语电影、听外语音乐、参与在线语言交流社区等。

④网络资源利用：学习者需要学会利用互联网资源进行语言学习，包括在线课程、语言学习网站、社交媒体等。他们需要学习如何评估和选择合适的资源，并学会有效地利用网络搜索来解决语言学习中的问题。

⑤数据管理和组织：学习者需要学习如何管理和组织语言学习过程中产生的数据，如学习笔记、词汇表、练习记录等。这可能涉及学习如何使用笔记应用程序、云存储服务等工具来管理和备份数据。

⑥技术问题解决：学习者需要具备解决常见技术问题的能力，如软件故障、网络连接问题、设备兼容性等。他们需要学习如何自主解决这些问题，或者在遇到困难时向他人寻求帮助。

2. 学习策略培训

上述操作技术培训属于基础的技能培训，具有相对普遍性。而 CALL 软件学习策略培训则需要学习者和教学者有意识地将技术应用有效结合到具体语言学习之中。如何将技能转化成策略，我们可以举个简单的例子：了解如何打开、移动以及调整电脑桌面上多个窗口大小是一种技能；而在需要的时候有意识地使用这种技能来帮助理解文章和扩大词汇量则是一种策略。事实上，CALL 软件学习策略培训是一种学习策略指导的延展，这已经成为多数语言教学机构熟知的概念。

通常来说，CALL 软件学习策略培训会涵盖以下内容：

①软件功能介绍：培训会详细介绍不同种类的 CALL 软件，包括语言学习应用程序、虚拟语言实验室、在线学习平台等的功能和用途。

②使用技巧和操作指南：学习者将学习如何正确操作 CALL 软件，包括登录、导航、使用各种功能和工具等的技巧和指南。

③学习活动设计和实施：培训将教授如何设计和实施各种类型的学习活动，利用 CALL 软件来促进听、说、读、写等语言技能的提高。

④学习资源评估和选择：学习者将学习如何评估和选择适合自己的 CALL 软件和学习资源，以满足自己的学习需求和目标。

⑤个性化学习支持：培训可能还会提供个性化的学习支持，帮助学习者根据自己的学习风格和水平制定适合自己的 CALL 学习策略。

通过以上培训，学习者不仅能够充分利用 CALL 软件和资源，提高语言学习的效率和成果，而且能够更多地融入此类策略性特征的学习者培训，同时也让软件使用的差别逐步弱化，这对语言学习者来说无疑是个好消息。

3. 教学方法培训

最后一种学习者培训是教学方法的培训。教学方法本身是针对教师来说的，是教师在语言教学过程中教育理论和技能的外在体现。而对学习者进行教学方法的培训则是帮助他们站在教授者的角度和立场确定特定的学习目标，并了解使用特定技巧和步骤以达到学习目标的原因。这是一种"对学习者进行教师培训"规则的延展，其理论基础在于：与其他环境相比，CALL环境通常会给学习者提供更多的选择，因而学习者会有更多机会控制自己的学习路径（Hubbard，2004）。对学习者进行教学方法培训旨在提高他们在学习过程中的学习效率和技能，往往与学习策略培训掺杂在一起进行。这种培训通常包括以下内容：介绍各种学习策略，如主动学习、合作学习、反思学习等，帮助学习者选择适合自己的学习方法；提供针对特定语言技能的学习技巧，如阅读理解、笔记技巧、问题解决方法等；教授时间管理技巧，帮助学习者合理安排学习时间，提高学习效率；教导学习者如何进行自我评价和反思，以便不断改进学习方法和策略；甚至还提供情绪管理技巧，帮助学习者处理学习中的挫折和压力，保持积极的学习态度；等等。

#### 3.2.2.2 培训形式

学习者培训形式也存在着多样性问题。根据不同学习者的需求以及学习环境和条件，主要的培训形式包括以下方面：

①面对面培训：通过教室教学、工作坊、研讨会等形式进行，教师或培训师通过现场讲解、演示操作等方式向学习者传授技术知识和操作技能。

②在线培训：通过网络平台进行，学习者可以在任何时间、任何地点通过电脑或移动设备进行学习，包括视频教学、在线课程、远程指导等。

③混合式培训：结合了面对面培训和在线培训的特点，既可以在教室内进行面对面教学，也可以利用在线平台进行远程学习和交流。这种形式可以灵活安排学习时间和地点，同时兼顾了教学效果和学习者的个性化需求。

④小组学习：学习者通过组建学习小组，在互相交流、讨论和合作的过程中进行学习。这种形式可以促进学习者之间的互动和合作，提高学习效果和动力。

⑤模拟场景训练：模拟真实工作场景进行技术训练，如模拟网络攻击、系统故障等情景，帮助学习者在安全的环境中进行技术实践和应对挑战。

无论采取以上何种形式，对于学习者的培训归纳起来无非有两种主要的方法，即探究式和演绎式。在现实培训过程当中，教师往往将两种方式结合起来使用。在探究式培训中，学习者将有机会以个人形式或与同伴结成小组自主探索控制应用软件、帮助信息以及在完成任务或活动过程中进行学习路径的探究；而演绎式培训方法则给学习者提供明确的指导，有时通过范例进行说明，之后会让学习者进行结构清晰的实践练习或者直接利用指导提示进行 CALL 软件应用或完成 CALL 布置的任务（Stockwell，2012）。由于演绎式条理性更强，因此常被视为比探究式更加行之有效，但事实上两种方法各具优缺点，需要根据学习者的需求、技术类型和培训目标等进行选择和组合使用，以达到最佳的培训效果。

#### 3.2.2.3 培训时间

计算机辅助语言学习环境下学习者培训的时间同样具有多样性。我们这里所讨论的培训时间涉及两个方面：一方面是培训时长，具体指学习者完成一项或一种技术能力培训所需要的时间长度及跨度；另一方面是培训时机，重点关注为达到预期效果对学习者进行培训的时间点，包括语言学习初期、中期或者后期以及特殊的时间节点。

1. 培训时长

培训时长指的是学习者接受技术能力培训总体上所花费的时间，通常以小时或天为单位计量。这包括课堂教学时间、实践练习时间、自主学习时间以及任何其他相关培训学习活动的时间。很难讲一项培训到底需要花费多长时间为好，具体情况因人、因地、因项目而异。培训课程的时长可以是几个小时（短期培训）或几个月甚至一年（长期培训），以满足学习者的不同需求和时间安排。在 CALL 环境下的学习者培训，一般开始会有一段初期辅导，之后学习者进行自主学习，再加上少量的额外辅导（如果有的话）。如果所需培训比较简单或是培训涉及的是学习者熟知的领域，这种方式可以取得较好的效果。然而在许多情况下，这种简单的一轮培训很少能产生持续性的效果，尤其是当学习者还没有熟悉某个特定应用工具或学习任务时更是如此（Stockwell，2012）。因此哈伯德（Hubbard，2004）的培训原则之一就是循环化训练，以便使技术性信息、策略以及教学法规律得以循环往复，并以螺旋式上升的方式得以不断扩展。总的来说，学习者培训的时间花费会因培训内容的复杂程度、学习者的起点水平、培训形式的选择等因素而有所不同，学习者应根据具体情况决定。

2. 培训时机

培训时机指的是学习者对培训时间点的选择或者培训者为达到效果最大化而对学习者干预时机的把握。大多数情况下，对于一种新的不太熟悉领域的软件应用与工具来讲，在语言课程正式学习之前就开始技术培训是十分必要的，学习者需要通过培训掌握技术操作方法以及应用技能才能投入有效的学习之中，比如基本的电脑操作、特定软件的安装、学习平台工具的使用等。另外，对于 CALL 软件学习策略的指导和培训往往安排在学习过程之中进行，我们需要使策略培训一体化以便于学习者能够将技术层面的内容与如何有效利用这一内容结合起来进行思考，需要教师在课程进行之中把握准确的培训时机以达到更好的效果。事实上，与其让学习者在一开始的辅导阶段就接受大量的信息，倒不如在学习过程当中鼓励他们自己去探究 CALL 软件的应用及环境，教师也不失时机地将对 CALL 学习者的培训融入课堂教学。除此之外，还有一种作为补充的干预性的培训方式，即在学习者出现问题时再提供培训，无论是学习者提出的问题还是指导教师监控过程中发现的问题都可以随时进行干预和解决（Stockwell，2012）。总之，培训时机的选择也是存在着多样性，这与学习目标、课程性质、培训内容和方式、学习者自身情况等各方面的因素都密切相关。

### 3.2.2.4 培训强度

CALL 环境下学习者培训强度可以定义为学习者在语言学习过程中在培训上面所投入的时间、精力和资源的程度，也可以理解为如何确定教师或学习者花费多少时间和精力进行培训和学习才能获取足够成效，并且不会对其他课堂或作业活动产生过多影响。具体来说，语言学习者培训的强度可以通过学习时间、学习频率、课程设置和内容、学习方法和策略以及学习者的动机和目标等方面来考量。

学习者培训强度存在着多样性问题。正如奥布莱恩所指出的，有时候即使很少量的时间也能对学习者与软件材料的交互活动以及学习者对软件学习辅助性的认同度产生无法估量的影响（O'Bryan，2008）；而在某些"劝诱式"学习者培训（Romeo and Hubbard，2010）过程中，则需要将学习者培训融入每一节课堂活动，并贯穿于整个语言学习项目。存在于强度方面的多样性问题并不仅仅是时间因素问题，还与学习者个体差异和外在环境等因素密切相关。其中几个重要的影响因素包括以下方面：

①学习目标和动机：不同的学习者可能有不同的学习目标和动机。有些学习者准备充分利用培训成果使自身语言学习水平得以提升因此积极性很高；而另一些学习者也许认为培训没有任何价值，是在浪费时间。因此，克莱提斯等人在研究中就曾指出：在CALL培训系统中学习者应对自身学习过程进行经常性反思（Kolaitis et al., 2006）。

②学习者语言学习水平：一般来讲，学习水平高的学习者比水平低的学习者会更加有效利用语言学习软件中的各种控制功能。我们可以从对认知资源限制因素的调查找到上述现象的答案，即相对简单和更熟知的学习策略对语言水平较低的学习者来说实施起来更加容易，因为这部分学习者的注意力主要集中在对语言本身的有意识的控制操练上（Stockwell, 2012）。

③学习资源和环境：包含课程设置及教学内容。有些学习者拥有较好的学习资源和条件，语言课程的设置和教学节奏对他们来说得心应手，少量的时间精力就能让他们获得很好的学习效果，培训强度则会显得并不是很大；而对于其他学习者，培训强度则会成为学习过程中一个很大的挑战。

④教学方法及策略：教师如何更高效地将技术技能和学习策略融入语言课堂，这会直接影响学习者培训的强度。有经验的教师会让学习者在充分了解CALL工具和资源使用原理和方法的同时，帮助学习者确定学习目标、掌握学习策略，并运用特定的技巧和步骤达成预期的学习效果。

综上所述，CALL环境下的学习者培训过程中存在着一系列多样性问题，包括上面所探讨的培训内容、培训形式、培训时间以及培训强度等方面。尽管由于这个领域的研究局限性以及技术发展的非可预见性，我们至少在当前还无法确定最佳的学习者培训体系和方案，但是通过对以上问题的讨论我们却可以适当控制学习者培训过程中的多样性问题。比如，在培训内容中对三种不同的类型占比进行选择和调整，让操作技术、学习策略、教学方法的培训比重尽可能达到一种平衡；在培训形式上对演绎式和探究式进行有效操控和结合，让学习者将这种培训内化为个人层面或集体学习的内容；同时，根据学习者的个体差异以及学习环境的不同对培训时间和强度进行控制和确定等。总之，对学习者培训过程中多样性问题的研究还在继续，而在这一研究过程中，我们还需着重考虑另外一个问题，那就是学习者自身的多样性。

### 3.2.3 学习者的多样性

在语言学习和教学领域，学习者的多样性问题一直是研究者们关注的话题。斯凯恩（Skehan，1989）可能是第一个以整本书的篇幅提出语言学习者多样性问题的学者。他指出四种与多样性相关的二语习得模式：监察模式（Krashen，1981）、优秀语言学习者模式、学校学习模式以及分离模式。在斯凯恩之前和之后的学者，也都相继提出了各种影响语言学习效果甚至成败的学习者因素和变量，比如学习者天资的构建（Naiman et al.，1978），学习者的性别差异（Oxford and Nyikos，1989），学习者信仰的不同（Lightbown and Spada，2006），等等。2008 年，格里菲斯（Griffiths）在其专著《来自优秀语言学习者的经验》中还提供了学习者多样性主要分类的十分全面的列表。其具体分类包括：动机、年龄、学习方式、个性、性别、策略（策略运用）、元认知、自主性、信仰、文化、能力。书中所提及的"学习者变量"也可视为我们研究多样性评价问题的重要依据和参考（Stockwell，2012）。

在任何与计算机应用相关的辅助语言学习环境中，对现代技术知识的掌握程度不同必然会导致多样性的产生。如果全班学习者或大多数学习者某方面的电脑知识有限，这种情况可能会影响到整个班级的学习；而如果仅仅是某个或某些学习者缺乏相应的电脑知识和技能或对现代技术知识感到恐惧而导致学习失败的话也可能仅影响到个别学习者（Robb，2006）。温克和戈厄特勒（Winke and Goertler，2008b）的研究为我们提供了大量的数据。这些数据表明，当代语言学习者尽管是"数字原住民"，但并没有完全准备好利用数字技术来进行有效的语言学习。而学习者还可能在总体的"数字化学习"经验和熟练程度上存在巨大差异，而这一存在多样性的领域介于一般性技术知识和与 CALL 相关的特定技术应用和任务之间（Stockwell，2012）。因此，在对当代语言学习者进行技术发展能力培训中，学习者个体差异是影响培训实施以及效果的重要因素，对学习者自身多样性的研究在这个过程中显得尤其重要。

除了上述所指出的普遍个体差异及变量以外，在学习者培训过程及进展中，我们还特别关注以下几个方面的学习者多样性问题：

①技术水平及学习层次：学习者的技术水平和学习层次可能有很大的差异。有些可能是初学者，缺乏基本的计算机技术和操作知识，需要更多的支持和指导；而另一些可能是经验丰富的高级用户，对计算机和互联网非常熟悉，能够轻松应对各种CALL工具和平台。在学习层次方面，有些学习者能够在熟练应用计算机同时可以将操作技能向学习策略转化，而有些学习者则只是停留在第一阶段，即单纯的操作技能掌握。在多大程度上将技术与学习策略相结合更好地指导语言学习从而达到预期学习效果，体现了学习者在学习过程中对培训内容的把握程度，也是培训过程中学习者差异的重要体现。

②语言水平和学习背景：有些学习者可能是母语使用者，而另一些可能是非母语使用者，对CALL所涉及的技术培训有不同程度的熟悉度和理解能力。对语言不同的掌握程度使得学习者培训的内容、形式、强度等方面都会有所不同。有些课程专为初学者设计，有些为中等程度者设计，另外一些为高等程度者设计，这些程度之间还可以有更为细致的程度分类。而语言水平及掌握程度又与上述某些因素（比如，学习自主性及学习策略等）密切相关，程度较高的学习者比初学者更具自主性（Boling and Soo, 1999），会致力于更多的元认知活动，也会运用更多的学习策略。

③学习动机和目标：学习者参加培训的动机和目标可能各不相同，有些人可能是出于实际学习工作需要，有些人可能是出于个人兴趣或提升自我价值，还有些人则是完全出于教师在语言课堂内外的硬性要求或为了完成作业项目等被动参与技术能力培训。有些学习者准备充分利用培训成果提升自身语言学习水平，而有些学习者认为培训没有价值而不予重视。不同的动机和目标要求技术培训不同的内容、案例、形式以及节奏设计，以增强学习者的参与度和学习效果，而学习者不同的动机和目标也决定了他们在采用何种工具和策略更加有效学习方面起到了至关重要的作用，学习者需要根据自身情况做出适合自己的选择以达到预期成果。

④学习风格和偏好：学习者的学习风格和偏好对于CALL技术的培训方式和效果有很大影响。比如，一些人喜欢通过视觉学习，而另一些人则更倾向于听觉学习或动手实践；一些学习者可能更喜欢通过游戏化学习应用程序来学习，而另一些学习者可能更喜欢通过在线课程或虚拟班级来进行交互式学习。这种多样性还存在于个人及小组与软件材料间的交互活动以及学习者

之间完成网络任务时的交互中。这方面的例子可以在一些研究者对通过智能辅导系统学习德语的学习者培训的相关研究中找到（Heift，2002）。学习者偏爱某些学习策略和风格的状况是学习者多样性很值得研究的一个重要方面，因为这让我们更多地认识到：找到容纳这种多样性的方式是让学习者培训更加行之有效的途径之一，甚至可能会成为必经之路。

## 实例展示

为了更具体更清晰地展示CALL语境下学习者培训的多样性问题，我们选取作者所在大学商务英语专业其中一个班级"高级商务英语口译"课程的真实教学案例，来看看这个班级学习者培训的情况。

背景描述："高级商务英语口译"是我们大学商务英语专业学生的专业必修课。该课程的主要目标是在学生具备初级口译技能的基础上，提升学生对较长语篇以及较难内容的口译能力，从而培养具有通晓商务背景知识、熟悉商务活动流程、善于跨文化交际、掌握一定口译技巧的复合型、应用型人才，使其能适应商务英语口译工作的需求。这是一个非母语英语学习的口译班级，学习者均为中国学生，大四年级，之前具备一定的英语语言能力和口译技巧，希望通过本门课程的学习进一步提升语言应用能力和口译能力。本课程以音频和视频材料为基础，对班级和个人都布置了相应的学习任务，因此有效使用课程软件及多媒体应用对学习者来讲非常重要。由于本课程是英语专业翻译系列课程的最后一门课，因此我们对学习者培训予以了高度重视，以便为学习者提供相应的技能和知识，并为他们结束课程之后的自主学习和语言可持续发展提供帮助。

过程实施：这个班级共有22名学习者，我们将其分为三个小组。他们目前处于大四第一学期，马上面临毕业实习等安排，所以线下集中课业任务并不是很重。本课程采用情境工作任务教学方式，所设计的任务主题全部选自真实的商务交际情景，既注重口译技巧的讲解和练习，又加强商务背景知识和商务礼仪的渗透和补充；开展模拟情景口译小组练习，强调商务主题场景，侧重长段落和长对话的口译，要求学习者最终达到口译证书考试标准并能从事常规商务口译工作。课程分为三个主要环节：一是课堂讲授讨论、小组练习以及学习者培训；二是家庭作业任务；三是小组设计项目。具体来讲，每周两节（共100分钟）课堂面授，在多媒体语言教室中进行。教师利用多媒体语言设备以及配合慕课平台进行商务口译知识和技能的讲解，选取真实语言材料进行案例分析展示，随后学习者以小组合作形式进行讨论分析，并进行商务口译情景模拟，完成课堂任务。课后教师布置作业任务，要求学习者每周至少进行三小时的自主学习，对其发布的语言材料按照要求进行相应口译技巧和能力的训练，其间进行实时录音或录像，完成后提交到慕课平台，教师给予实时答疑和辅导。学习者可以根据自身情况灵活安排时间，但最理想的方式是将三小时拆分为三个时间段，每次大约一个小时。还有一个是小组设计项目，学习者7~8人一组，允许根据各组不同的兴趣、特长、需要等情况确定项目主题、选取语言材料并安排实施计划，最终在学期末提交项目总结性报告，其中包含项目具体实施过程和成果材料。在整个学习过程中，学习者需要按时到课完成课堂任务，每周提交课下学习报告，详细汇报个人及小组的学习目标、使用材料、花费时间、学习过程以及反思性总结和评价情况。

发现与分析：我们对整个学期的教学数据进行了收集，这些数据主要包括学习者在学期前后的技术使用熟练度、口译能力的前测和后测成绩、课堂笔记、个人口译练习录音视频（要求每个学习者至少七段视频）、学习者的每周学习报告、小组设计项目总结、期末总评成绩单以及课程结束后的学生评教和反馈调查。结果证明，这些数据很好地展示了学习者培训的多样性。

首先，是培训过程的多样性。从培训内容上来讲，三种类型的学习者培训（操作技术、学习策略、教学方法）都融入了课程之中。在学习者掌握基本的电脑多媒体操作基础上，课堂上还引入了慕课平台及语言应用工具的使用培训，随时解决技术问题。教师对学习者进行各种在线听力、跟读或同声传译的学习培训。有时进行演绎式训练，让学习者进行推进型的演示和说明；有时进行诱导式训练，让学习者自己尝试找到达到特定目标的有效途径，然后分小组或在个人辅导课程中进行讨论。关键性的技巧和策略会在课堂或在辅导阶段进行经常性的复习与巩固。通过这种方式，教师实现了对学习者教学方法的逆向培训，对学习者学习策略的选择和掌握起到了极大的作用。事实上，本门课程引入了一系列旨在提高学生语言能力尤其是口译技巧的学习策略，这种类型的培训贯穿于整个课程教学过程。有些策略明显带有技术性特征，比如在线跟读练习、口译视频字幕处理、链接在线词典、小组在线会议等。有些策略则与口译专业技能训练相关，比如创建个人语言资料库、商务口译热门词汇表、同传练习模拟、口译笔记训练专区、小组项目协作日志等，我们的目的在于引导学习者逐渐形成自主性学习习惯，从而能够在完成每次学习任务时确定合理的学习目标、使用材料以及为完成任务而选取合适的学习策略。

从培训强度上，我们对学习者的任务完成规定或建议相应的时长和频率，要求他们在课上规定时间完成小组讨论及模拟练习，课下根据自己的安排分段进行训练学习。事实上，学习者根据个人和小组的实际情况对培训时间进行了不同的调整，但总体上强度都得到保证。大多数学生至少能够达到最低的训练时间总量，有些学生能够在规定时长之外主动增加学习强度而产生不错的培训效果，也有个别学习者声称临近毕业事务繁多，导致培训时间不好安排或时长不够，但会提升单位时间培训效率最终完成学习任务。

我们的研究目的是要证实我们所提供的技术技能培训可以在多大程度上帮助学习者提高口译能力和学习水平，或至少能对他们在课程学习策略和效果上起到积极的改进作用。表面上看，培训过程中无论是培训内容及形式还是培训时间与强度都呈现出多样性，而数据恰恰证明，这种多样性为学习者培训的效率和成果提供了很好的保障与支撑。我们在课堂、每周报告以及个人讨论会中鼓励学习者对学习过程进行反思，以便加强其元认知意识，也为学习者培训的效果所印证。事实上，对这些学习者的调查的确呈现了积极正向的结果，证明本课程融入的学习者培训达到了预期的成效。

其次，是学习者的多样性。在为期十六周的学习过程中，无论是以个人形式还是以小组形式存在的学习者培训中，学习者自身都存在着各方面的多样性问题。尤其是在独立开展的个人口译训练任务和项目中，学习者需要自主决定如何设定学习目标、如何分配学习时间、选择哪些语言资料、采用何种学习策略以及方法等，这些无疑都呈现出明显的个体差异，也对学习培训效果产生了重要影响。下面我们着重从这些方面讨论在这门课中展现的学习者多样性。

学习者学习目标和动机存在着明显的多样性。大四的学生面临毕业、实习以及就业，有些学生学习商务英语口译的动机和目标都十分明确，他们希望提升自身的口译技能和语言专业能力，毕业后从事相关行业能够找到一份理想的工作。强烈的动机使得他们能够紧跟教师的教学节奏，积极参与课堂讨论与互动，最重要的是在明确的学习目标下对个人口译训练任务具有准确的学习计划和安排并且能够按照计划严格执行。他们往往会按照教师要求每周完成规定的训练时间，学习节奏合理，及时提交每周报告，对学习材料（音视频等）和学习过程都有详细的记录，并及时进行反思和评价。期末成绩以及调查结果显示，这种学习者的口译技能以及语言总体水平的提升会十分明显。而另外一些学生则可能只是出于个人兴趣爱好，并未对职业发展或长远目标有所考虑，他们的学习投入则会显得积极但缺乏针对性，比如他们在语言材料的选择上会根据个人兴趣取舍，有些重要的语料会被忽略，从而对他们的学习效果产生影响。还有些学生则没有明确的学习目标，学习动机也不强，这会影响他们对口译课的投入程度和学习态度，往往被动地接受技术技能培训，因此经常无法按时完成学习任务、对学习计划性差、安排不合理、学习报告质量不高等。显然这种学习者最终的学习效果是不够理想的。

　　语言基础和学习水平也是学习者多样性的一个重要方面。"高级商务英语口译"课程是为大四的语言专业学生开设的，我们默认他们具有比较扎实的语言基础和初级的口译知识和技能。但事实上，期末的总评成绩以及平时的学习表现则比较客观地反映出了学生在语言基础和学习水平上存在着差异。一般说来，语言基础薄弱、之前语言专业课程成绩不是很高的学生在本课程的学习过程中都显示出或多或少的"无力感"，加上技术培训中学习能力不是很强的话，他们往往不能很好地利用技术工具和学习资源完成学习任务，或者学习任务完成的质量很低（包括口译语料的选择和成果材料的提交）；有些学习者则表现为学习效率低下，教师要求的训练任务不能在规定时间内完成。而那些语言基础好、学习能力强的学习者往往能快速理解学习任务的目的和要求，找到合适高效的学习策略和方法，保质保量地完成学习任务，并且对课程中学习者培训的过程和效果都有很好的反馈和评价。

　　学习策略和偏好的不同也充分地体现了学习者的多样性。为了达到预期的学习目的并在规定时间内完成学习任务，学习者会根据个人习惯和偏好采用不同的学习策略。在每周的口译训练项目中，尽管学生们所选取的题目及语言材料不尽相同，但他们中的大多数人仍拘泥于为数不多的几种自己偏爱的策略，比如在线反复跟读、场景实时互动翻译、模拟题练习、口译笔记专项训练、"影子"练习等。除了给学习者提供的既定策略外，他们还会从之前的语言学习中获取并采用相对熟悉的学习技巧，但通常情况下没有对这些技巧和策略在本门课程学习中的有效性加以质疑。比如，有学生会将在听力课上经常用到的听写练习技巧用到口译单项训练中，以巩固对语言材料的理解程度。在口译信息记忆环节，一些学习者可能善于使用如联想、归纳、重复等技巧和方法来记忆语料中的重要信息，而另一些学习者则更喜欢通过记笔记的方式来记录关键信息和术语。学习者对某种学习策略的偏爱还往往受其学习条件和环境的影响，比如有独立居住空间的学习者更倾向于利用大段连续的时间进行口译模拟练习，他们完成学习任务可能都是在固定的时间花费固定的时长；而与其他人合住或在学生宿舍进行学习的人则善于运用相对零散的时间，采用少量多次的学习策略完成学习任务。这些情况也让我们认识到：想让更多学习者融入有效的语言学习，一个很重要的事情就是要找到更多接受和容纳这种多样性的途径和方式。

## 3.3 结论及启示

在各种新技术高速发展的今天，学习者培训在计算机辅助语言学习中始终是一个不容忽视而且越来越重要的研究领域和话题。它的主要目的和意义在于，让技术更加有效地融入语言学习，让语言学习的主体更加高效地实现学习目标。本章从培训过程及学习者自身两个方面讨论了学习者培训的多样性，并通过真实案例展示和分析，试图找到使这些多样性问题得以有效协调解决的方案。虽然我们目前很难确定一种最佳的方法来解决所有多样性问题，但在这个研究探讨过程中，有几点特别值得我们关注和思考。首先，学习者培训是一个过程性的概念，在这个过程中必然产生一系列的多样性问题。学习者培训的内容类型绝不仅仅局限于技术本身，它是一种综合能力的学习和训练，这种能力既包括基础的技术操作能力也包含一些特定学习环境中为了支持完成某项特定任务和目标的学习策略和技巧，甚至还包含针对语言教师的教育知识和技能。在语言教与学的实践中，培训的形式、时间和强度也都与这种培训内容的多样性产生密切关联。我们在真实案例中印证了这种过程中的多样性，也通过数据证实对这个过程中多样性的有效操控对于提升教学效果是十分必要的，尽管最佳控制方案还需进一步探索。

另外，我们通过研究多个真实案例还认识到：如果说学习者培训值得进行的话，这种培训本身就是一种教学，或者说，学习者培训与语言教学本身就是融为一体的，学习者培训的多样性寓于语言教学当中。与其他形式的教学相同，这种学习者培训的有效性或多或少会受到其他主客观因素的影响。这些因素不仅包括学习者的思想准备和学习动机的多样性，还包括培训课程在多大程度上适合学习者需要，且由指导教师执行的有效程度如何。我们还认识到：学习者培训本身是需要花费时间并且产生一定学习强度的，而这一时间和强度如何在语言课程本身的学习中进行有效规划显得尤为重要，这不但考验教师的教学能力，也是对学习者学习策略和技巧的一种挑战。当学习者被赋予更多的自主空间，他们往往能够找到以一种适合自己的最佳方案来实现技术培训和语言学习的相对平衡。

最后需要指出的一点是，尽管计算机辅助语言学习领域的研究已经持续了几十年，但在这个领域中的学习者培训研究却显得十分有限。我们通过对一系列真实的教学案例进行分析，想让大家认识到学习者培训的重要性，因为越来越多的证据表明：学习者不会仅仅由于熟悉计算机及其他方面的使用技巧而自动明白如何有效利用数字材料和工具进行语言学习（Stockwell，2012）。而学习者培训中所出现的多样性问题也正是我们需要正确认识并解决的，我们无法对其进行简单化处理，从目前来看，采用一种整体性方案对学习者进行培训并不能解决其中涉及的多样性问题。但有一点是确定的：随着现代技术的不断发展，尤其是人工智能以及智慧学习软件等的出现，使用技术辅助语言学习的整体与特定应用策略的多样性问题仍将会不断发展和变化，也会增加更多的变数。因此，我们需要进一步认识学习者培训的多样性，继续迎接挑战，继续在这一领域进行深入的研究和探索。

# 4 CALL 环境的多样性

## 4.1 概述

在计算机辅助语言学习领域,"环境"一词的定义是十分宽泛的。它是指利用计算机和相关技术来辅助语言学习的各种情境和条件。这不仅包含技术环境,诸如语言学习软件、在线课程、语言学习应用程序以及互动式学习平台等,还包括课程本身、语言学习者和教师以及他们具有的相关技能和经验背景等。在 20 世纪 60 年代和 70 年代早期的计算机技术发展初期,这种学习环境范围和种类是很有限的,主要为一些计算机软件、互动式课程和语言学习游戏等。而随着新技术的进步、用户需求的变化和社会环境的演变,计算机应用的环境在过去几十年里发生了巨大的变化,其中一些显著的变化包括互联网的普及、移动计算的兴起、云计算的发展、人工智能和机器学习的应用、物联网的兴起等方面。这种变化直接导致了计算机辅助语言学习在时间和空间上发生了重大的改变和进步。先前的学习者通常是在一个固定的机房通过一些计算机软件完成独立的语言学习活动,教师要进行实时实地的监督和指导。而目前这种情况虽然在特定环境下依旧存在,但早已不是唯一和必需的语言学习方式了。学习者不必再受限于机房和实验室,可以利用新的技术进行多种形式的网络在线学习、多媒体平台互动、智慧空间教学、虚拟环境交流以及各种形式的相互结合。归纳起来,当前计算机辅助语言学习环境主要包括五大类:面授环境、混合环境、远程学习环境、社交网络环境和虚拟环境。多样化的学习环境提供了多样化的学习资源和交互方式，例如语音识别技术、在线交流社区、智慧教室和个性化学习路径等。多样性的学习环境能够提供个性化的教学模式和学习体验，并且可以根据教师和学习者的需求和进度进行调整和优化。本章将分别探讨以上五种环境以及各自的具体特征，并通过分析具体的案例来展示学习环境的广泛性和复杂性，最终对计算机辅助语言学习环境的多样性进行总结并提出建议。

## 4.2 CALL 环境的多样性

下面将从五个方面来探讨 CALL 环境的多样性。

### 4.2.1 面授环境

CALL 的面授环境将传统的面对面教学和现代的计算机技术进行整合，是在传统的面对面教学环境中，结合计算机技术和相关工具，以提升语言学习效果和学习体验为目的的场景和环境。在语言教学中，一种情况是有时候教师会感到学习者在使用技术的时候是缺乏足够经验的，此时则需要教师的适当介入，因此他们会选择建立一种面授环境来监控学习者的输出以及辨别会出现的技术难题；另一种情况是学习者之间以及师生之间的实地互动在语言教学中是必要的和可行的，为了增强课堂学习效果，面授环境往往也是一个很好的选择。

面授环境下的计算机辅助语言学习往往在电脑机房、多媒体教室进行，或者学习者自己携带电脑设备到教室进行集体上课，因此学习者的语言学习空间和时间都是相对固定的。在面授环境中，学习者可以各自直接与计算机交互，也可以两人或多人以小组形式共用一台电脑，完成相应的学习任务。当学习者各自与电脑交互时，他们大部分的情况下所能做的事则受控于软件的设计，教师主要起到监督并在必要时提供支持的作用，学习者之间的交流甚少。而如果每个小组共用一台电脑时，即使教师在需要时能够在现场给予建议和提供支持，小组成员之间仍要为达到预定目标而进行必要的讨论和交流，这种情况下合作性对话则是十分必要和普遍的。

#### 4.2.1.1 教师的角色及介入

面授环境最主要的特点就是教师在语言学习过程中的介入，并在其中扮演重要角色。在很多情况下，教师的角色呈现多个维度的多样性，为了促进语言学习效果和学习体验，教师在这种面授环境中的介入是至关重要的，其介入方式也是多种多样的，具体包括以下内容：

①指导学习过程：当学习者在使用计算机辅助语言学习工具时遇到困难或不理解时，需要教师面对面介入，提供实时的指导和支持，帮助他们解决问题，确保学习效果。

②个性化辅导：对于不同水平和学习需求的学习者，教师需要根据其个性化的情况提供针对性的辅导和指导，帮助他们制定适合自己的学习计划和方法，促进学习成果。

③解答疑问：学习者在学习过程中可能会有各种疑问和困惑，需要教师面对面解答，提供详细的解释和讲解，以便理解和掌握语言知识。

④监督学习进度：教师需要面对面地监督学习者的学习进度和学习情况，及时发现学习中的问题和困难，给予必要的指导和调整，以确保他们能够按时完成学习任务和达到学习目标。

⑤促进学习者的互动和合作：教师在面对面的教学中需要促进学习者之间的互动和合作，组织各种学习活动和讨论，培养学生的团队合作能力和社交能力，提高学习效果。

#### 4.2.1.2　小组合作的特点及优势

在 CALL 面授环境中，小组合作是一种常见且有效的学习方式。以下是小组合作在这种环境中的几个特点和优势：

①任务分工：小组成员可以根据各自的能力和兴趣，在语言学习项目中承担不同的角色和任务，例如一个人负责课堂笔记，另一个人负责整理课程资料，其他的人负责组织口语练习等，从而提高学习效率和任务完成质量。

②资源共享：小组成员可以共享各自搜集到的学习资源，包括在线课程、教材、学习软件等，相互之间进行资源分享和交流，扩大学习范围，丰富学习内容，提高学习效果。

③互助学习：小组成员之间可以相互协助、相互学习，共同解决学习中遇到的困难和问题，促进学习的相互促进和共同提高。

④语言实践：小组合作可以提供更多的语言实践机会，学生可以通过小组内部的讨论、交流和合作活动，提高语言表达能力、听力理解能力和口语

交际能力。

⑤团队建设：小组合作有助于促进学生之间的团队合作意识和团队精神，培养学生的团队协作能力和沟通能力，增强学生的集体荣誉感和归属感。

**4.2.1.3　面授环境的有效性建议**

在面对面的环境中进行计算机辅助语言学习是非常复杂的，良好的学习效果取决于学习者、技术、任务和活动，当然还有教师。面授环境实时实地的意义在于通过教师和学习者面对面的交流和互动，实时解决疑难和问题，提供个性化的学习支持和指导，促进学习者的互动和合作，增强学习动力和参与度，从而实现更加有效和高效的语言学习过程。在实际的教学过程中，这种学习环境的有效利用需要关注一些常见问题的解决，这些问题主要存在于技术和教师两个方面。

1. 技术问题的预防与解决

面授环境中常见的技术问题包括计算机设备故障，网络连接、软件兼容性、教学平台问题，安全和隐私问题，以及教师和学习者的技术培训不足，等等。为了提高教学效率和学习体验，建议提前检查网络连接情况，确保网络稳定性；定期维护和检查计算机设备，确保硬件和软件的正常运行；在选择和使用软件时，注意查看软件的系统要求和兼容性，尽量选择与当前硬件和操作系统兼容的软件版本；提前了解和测试不同的在线教学平台，选择稳定可靠的平台进行教学活动；加强安全意识，选择使用安全加密的网络连接，确保学习者数据的安全性和隐私保护；开展相关的技术培训和指导，帮助教师和学习者熟悉和掌握计算机辅助语言学习工具的使用方法，提高其技术水平和应用能力。

2. 教师角色的强化和优化

教师在面授环境中扮演着重要角色，应注重教师的专业培训和素质提升，提高其计算机辅助语言学习技能和教学能力。教师需要具备丰富的语言学习知识和教学经验，能够有效地指导学习者利用计算机辅助工具进行语言学习，并在面授环境中提供个性化的学习支持和指导。教师可以通过课前调查、学习风格测试等方式了解学习者的学习特点和需求，针对性地进行教学设计和指导，帮助他们充分发挥自己的学习潜能。教师应在面授环境中及时观察学习者的学习表现，给予及时的反馈和评价，帮助他们及时调整学习策略，改进学习方法。教师可以根据学习者的兴趣和能力，设计不同类型的小组活动，如小组讨论、项目合作、角色扮演等，激发学习者的学习兴趣和动力。

### 4.2.2 混合环境

#### 4.2.2.1 混合环境的界定及特征

CALL的混合环境近几年备受关注，但至今还没有一个十分清晰精准的定义。概念模糊的原因在于，计算机技术和面对面教学构成占比多大很难界定。但总体来说，当技术和面授共处于一个学习环境时就是混合环境。相关研究者沙玛和巴雷特（Sharma and Barrett，2007）则将混合环境描述为"一门语言课程是面授课堂与适当技术使用的结合"，技术包括因特网，计算机媒介传播技术，多媒体光盘以及交互式白板。从实际情况来看，混合环境是指结合了传统面对面教学和在线学习的语言学习环境和场景。在这种线上线下混合教学环境中，学习者可以在课堂上与教师和其他学习者进行实时互动，同时也可以利用在线平台进行自主学习和练习。这种模式可以通过视频会议、在线教材、练习软件等技术手段实现。这种面对面与网络交织的混合环境结合了传统面对面教学和在线学习的优势，提供了更丰富、更灵活的学习体验，有助于提高语言学习的效率和质量。

与面授环境相比，混合环境在学习资源、教学方式、学习场景和学习体验等方面都具有自己明显的特征。总体来说，混合环境为学习者提供了更加多元化更加灵活的学习方式。学习者可以利用传统的教科书、课堂教学，以及在线平台（包括公开慕课以及局域性教学平台）提供的视频、练习、游戏等多种形式的学习资源；学习者可以根据自己的时间和地点选择参与在线或线下课程，增强了学习的灵活性和便利性；学习者可以根据自己的学习需求和进度选择合适的线上资源进行学习，从而实现个性化学习路径；学习者既可以在实体课堂上与教师和学生进行面对面的互动和合作，也可以通过在线平台进行讨论、交流和合作。与此同时，教师也可以通过在线平台管理学习者学习进度和作业情况，提供个性化的学习指导和反馈，从而促进学习者的学习效果。

#### 4.2.2.2 混合环境的意义

在当前线上线下混合式语言教学越来越受青睐的形势下，语言学习的混合环境无论是对学习者还是对教师都具有十分重要的意义，以下几个方面值得关注：

①增强学习的灵活性和便利性：学习者可以根据自己的时间和地点选择参与在线或线下课程，从而更好地适应个人的学习和生活安排。

②拓展学习资源和渠道：结合了传统课堂教学和在线学习的优势，学习者可以获得更丰富多样的学习资源，包括教材、视频、练习等，从而提升学习效果。

③提升学习的个性化和针对性：学习者可以根据自己的学习需求和进度选择合适的线上资源进行学习，同时在线下课堂获得教师的指导和学生的互动，实现个性化学习和针对性辅导。

④促进学习者间的互动和合作：在线上线下混合环境中，学习者通过在线平台进行交流和合作，共同学习、讨论和解决问题，促进学习者之间的互动和合作。

⑤提高学习效率和质量：教师可以通过在线平台更好地管理学生学习以及师生互动，为学生提供个性化的学习指导和反馈，从而提高教学效率和质量。

#### 4.2.2.3 混合环境的问题及策略

混合环境对于 CALL 来说虽然具有许多优势，但也会面临一些问题。在设计混合学习环境时要充分顾及其中的复杂性。当我们进入一个技术对于许多学习者无处不在的时代，我们应该认真考虑怎样才能更有效地将技术应用到整个语言学习环境，使其能够补充和加强学习中面对面的部分。以下是一些混合环境中常见问题以及相应的应对策略：

①技术问题：学习者可能会遇到网络连接不稳定、设备故障等技术问题，师生也可能因为技术培训不够，操作不熟练而影响学习效果。因此，需要提前测试设备和网络连接，并提供技术支持。同时，教师可以准备备用的教学资源和平台，以应对可能的技术故障。

②学习者参与度不高：学习者可能因为缺乏监督或者缺乏面对面的激励参与度不高。在这种情况下，教师应该创造互动机会，鼓励学习者积极参

与。可以通过在线讨论、小组活动、作业反馈等方式增加他们的参与度。

③学习者自主学习能力差：学习者可能因为缺乏自主学习能力而无法有效利用线上学习资源。此时教师应该适当提供学习指导和支持，引导学习者建立自主学习的习惯和方法。可以通过在线辅导、提供个性化学习计划、培训学习技巧等方式帮助学习者提升自主学习能力。

④沟通和交流不畅：学习者和教师之间的沟通和交流可能因为线上平台的限制而不畅。因此，需要利用多种沟通方式，包括文字聊天、视频会议、邮件等，以确保及时有效的沟通和交流。同时，鼓励学习者之间互相交流和合作，促进学习氛围的形成。

需要指出的是，在许多情况下技术并不是组成一门课程的核心和必要成分，混合环境下的语言学习需要有效的线上资源和平台，但如何将线上线下高效结合相互促进从而形成混合式一体化教学则是一个更加重要的课题。如何充分利用线上教学平台包括各种慕课资源，如何让网络技术有机融入线下面授学习，如何把握学习者线上自主学习和线下课堂参与的有效配比，都是当前混合环境下带给语言学习者和教师们充分思考的命题。

### 4.2.3 远程学习环境

在计算机辅助语言学习中，远程学习环境指的是学习者利用互联网和远程通信技术进行语言学习的一种环境和场景。在这种 CALL 环境下，学习者可以通过在线课程、语言学习应用、线上语言交流社区、远程语言交流活动等多种方式获取学习资源和与他人交流互动，实现灵活、个性化的语言学习目标。这种学习环境通常具有跨时空性和跨地域性的特点，使学习者能够根据自己的时间和地点选择学习内容和方式，提高学习效率和便利性。

与前面所讲的面授环境和混合环境不同，远程学习环境使得学习者完全脱离了线下的实地的课堂学习，而通过互联网等新技术获取学习资源，可以在任何时间、任何地点有选择地进行随时随地的学习，具有更大的灵活性和便利性。学习者与教师和学生之间无须见面，主要通过在线聊天、视频会议、论坛等方式进行互动。学习者还可以根据自己的学习进度和兴趣选择学习内容和方式，实现完全个性化学习。

#### 4.2.3.1 远程学习环境的本质

新技术的发展急剧地改变了通过远程环境学习语言的情况，尤其是网络技术在远程学习中的应用使得先前的诸多不可能变为可能。比如，Web2.0技术就创建了一种能够适用于远程学习中交流与指导的格式，使得在线课程平台如Coursera、edX等能够提供更加交互式和个性化的学习体验，包括在线讨论、测验、作业等功能，帮助语言学习者更有效地学习和掌握语言技能，促进了学习者之间的交流与合作，这是以前的技术没有办法达到的。从这个角度上讲，远程学习环境的本质是技术的应用。

通常来讲，远程环境依赖于一个操作系统来传送课程内容、加强师生交流、管理和作业评估等，但在很多情况下，教师还必须依赖系统本身以外的软件。因此，远程学习环境涵盖了许多线上工具和资源，包括在线课程平台、语言学习应用、虚拟语言交流社区、在线语言交流活动、电子词典和语言学习软件等，它们能够为学习者提供丰富多样的学习方式和资源，帮助他们在任何时间、任何地点都能进行有效的语言学习并随时与教师互动。为保证稳定、高效和安全的远程语言学习环境正常运行，需要以下一些关键性的技术因素：

①网络连接：快速稳定的互联网连接是远程语言学习环境的基础，确保学习者能够顺畅地访问在线课程、语言学习应用和虚拟语言交流社区。

②平台和应用：提供语言学习服务的在线平台和应用，包括课程管理系统、语言学习应用、语音视频通话工具等，学习者通过这些平台和应用获取学习资源、参与学习活动并与他人交流互动。

③云存储和服务：为学习者提供存储、共享和访问学习资料的便捷方式，同时还能提供计算能力和虚拟化资源，支持在线课程的管理和交互式学习活动的实施。

④语音识别和自然语言处理：帮助学习者进行口语练习和写作练习等专项训练，提供实时的语言学习反馈和建议。

⑤安全和隐私保护：是远程语言学习环境的重要考虑因素，确保学习者的个人信息和学习数据不被泄露或滥用。

#### 4.2.3.2 远程学习环境的优势

远程学习环境的优势具体有以下几方面：

①灵活性和便利性：学习者无须前往学校或语言培训机构，只需要通过互联网即可访问丰富的学习资源和工具，根据自己的时间表和节奏安排学

习，不受地理位置限制，能够在任何时间任何地点进行学习。

②多样化和个性化：远程语言学习环境提供了丰富多样的学习资源，满足不同学习者的需求和偏好。学习者可以根据自己的学习目标、兴趣和水平选择适合自己的学习内容和方式，实现个性化学习。

③实时反馈：课程内容实现在线传送，通过在线测验、练习和作业，学习者可以获得即时的反馈和评估，帮助他们及时调整学习策略和提高学习效率。

④全球交流：学习者可以通过远程语言学习环境与来自世界各地的语言学习者和母语人士交流，拓展国际视野，提高跨文化交流能力。

⑤节省成本：相对于传统的课堂教学，远程语言学习通常更为经济实惠，学习者无须支付额外的交通和住宿费用，节省时间和金钱成本。

#### 4.2.3.3 远程学习环境的挑战及对策

通过使用技术实现远程学习还存在诸多挑战。

首先，对于任何远程学习环境来说，无论是否使用技术，要想保持学习者积极的态度和动机以及在有限的个体交往情况下仍能持续较高水平的互动是很困难的（Strambi and Bouvet，2003）。远程语言学习环境难以提供与教师和学习者面对面的交流和互动，这不但会影响学习者的口语表达能力和语言交流能力，更重要的是教师很难对学习者的个体需求和动机水平有清晰的概念，而这无疑会导致动机水平的下降。同时，学习者在远程环境下容易产生孤立感并且容易缺乏自律性，这样就难以保持学习的连贯性和持续性，从而影响学习效果。在这种情况下，我们需要帮助学习者设定明确的学习目标和计划，加强在线学习社区建设，组织线上学习活动和小组学习，提供学习伙伴和学习群组，鼓励学习者相互交流、分享经验和互相激励。

其次，有一个重要的问题是学习者的技术使用存在障碍和困难。学习者可能由于技术使用能力不足或网络环境不佳而在语言学习中遇到困难，影响远程学习的顺利进行。如果当学习者遇到技术难题而处于偏远位置时，向他们提供帮助并不是件容易的事，尤其是当为了达到不同的学习目标而需要应用不同的软件时。因此，经验丰富的人员在帮助他们解决问题时提供的适当帮助是至关重要的。比较有效的对策是向学习者提供技术支持和培训，简化学习平台的操作界面，优化网络连接稳定性，提供离线学习资源以应对网络问题。

最后，远程环境中语言学习的异步性也是教师和学习者面临的一大挑战。远程学习环境完全脱离时间和空间的限制，全球性的学习者在不同的时间和地点选择不同的学习任务和活动，不同的时差往往导致师生无法同步在线讨论和交流，学习者的学习进度和学习质量难以有效监控和实时反馈。在这种情况下，教师和学习者应尽量克服困难并充分挖掘有益的教学工具和资源来解决问题，加强双方的沟通和互动。比如，当一门课程中口语练习不能同步进行时，就需要考虑使用 Voice Email 这种有声电子邮件工具来改变这种不同步在线的情况。学习者可以将自己的声音录下来，在方便的时候通过电子邮件将声音文件发送出去。

### 4.2.4 社交网络环境

新技术的发展催生了社交网络，而社交网络的兴起也改变了人与人之间的交流以及信息传播的方式。在计算机辅助语言学习中，社交网络环境也迅速成为许多学习者所青睐的一种学习渠道。通常来讲，CALL 的社交网络环境指的是学习者在与他人进行交流和互动的过程中，利用社交网络平台或社群获取语言学习资源、进行语言交流、分享知识和经验的环境和场景。这种环境可以包括在线论坛、社交媒体群组、各种语言博客和公众号以及语言学习应用等。

#### 4.2.4.1 博客和贴吧

博客（Blog）是一种在线的个人或团体网站，通常以日志形式发布内容。内容可以包含文字、图片、视频等多种形式，并允许读者进行评论和互动。从这个意义上讲，博客通常是用来与家人、朋友以及能够共同分享相似观点和爱好的人互动的网络平台。博客的内容可以涵盖各种主题，其中就包括语言学习。语言博主可以通过博客分享语言知识、学习经验等。在语言学习环境里，博客最大的优势在于它能为学习者提供真正的读者来欣赏他们用目标语写作的作品。通过博客，他们的文章可以被更广泛的读者阅读，而不仅仅是教师为了评估作业而阅读。撰写博客文章可以帮助语言学习者提高写作技能，加强语言表达能力。学习者可以通过博客记录学习心得、方法和进度，可以使学习过程更加系统化和有条理。通过博客这个平台，学习者还可以分享自己的语言学习经验、学习资源和技巧，同时可以获得读者的反馈和建议，帮助他们改进语言表达和学习方法。

贴吧是百度公司旗下的一个网络社区平台，是一个基于论坛的社交网络服务。在贴吧上，用户可以创建或加入不同主题的讨论组，称为"吧"，并在各个吧中发表帖子、评论、分享内容等。每个吧都围绕特定的主题展开讨论，涵盖了各种兴趣爱好、话题和领域。用户可以通过订阅吧、关注其他用户以及参与吧内的讨论来分享兴趣和交流观点。贴吧在本质上与博客有所区别，它更像一个在线主题交流社区或者论坛。它强调用户的自主参与、协同创造及交流分享。作为一个网络社区平台，贴吧为语言学习者提供了一个交流、分享和学习的空间。在语言学习相关的吧中，用户可以与其他学习者交流，分享学习心得、经验和资源，可以从中获取各种学习资料、教程、学习工具等。学习者可以在吧中提出问题，向其他用户请教，获取答案和建议，解决学习中的困惑和难题，还可以发布帖子、评论，参与讨论，从而锻炼语言表达能力和写作技巧。

#### 4.2.4.2　B站和抖音

近几年来，类似于B站和抖音这样的网络社交平台迅速得到广大网民尤其是年轻人的认可和欢迎。对于语言学习者来说，它们在提升学习效率和效果方面也都发挥着重要的作用。B站，全称哔哩哔哩（Bilibili），是一家知名的在线视频分享平台，也是一个以动画、漫画、游戏（ACG）为主题的综合性视频网站。用户可以在B站上观看各种类型的视频内容，同时还可以发布自己的视频内容、参与互动社区、与其他用户交流等。利用B站进行语言学习是一个很好的方式，因为B站上有丰富的语言学习资源，学习者可以找到各种类型的视频，包括语言教程、外语电影、纪录片以及日常会话等，进而选择适合自己水平的视频进行学习。在B站上可以找到许多语言学习的讨论区或者学习小组，学习者可以加入这些社区，与其他学习者交流经验和学习资源；还可以关注语言学习UP主，跟踪他们发布的动态，并与之共同讨论、学习和进步。无论你想学习哪种语言，B站都是一个充满资源和可能性的平台。

抖音（国外TikTok）是当前在国内外都很受欢迎的一款短视频分享应用。它允许用户拍摄、编辑并分享各种主题的短视频，同时可以浏览、关注感兴趣的创作者、参与挑战活动并且通过点赞、评论、分享等与其他用户进行交流互动。虽然抖音并不是专门的语言学习平台，但学习者仍然可以利用其中丰富的资源和功能来辅助语言学习。在抖音上有一些专注于语言学习的创作者，他们会分享各种语言学习技巧、口语表达、常用词汇等内容。学习者可以关注这些创作者，从他们的视频中学习有用的语言知识。一些教育机构或个人在抖音上分享有关语言学习的教育视频，包括词汇量扩展、语法解析、口语练习等。学习者可以浏览相关话题或搜索相关关键词来找到这些内容进行观看。另外，有些语言学习挑战活动会在抖音上举行，例如挑战自己在一定时间内学会某个词汇、掌握某种口语技巧等。学习者可以参与这些挑战活动，通过实践来提升自己的语言能力。

#### 4.2.4.3 社交网络环境的问题及策略

总的来说，利用社交网络环境辅助语言学习是一种非常有效的方法，学习者可以通过加入语言学习社群、关注语言学习博客和创作、参与语言学习挑战、寻找语言学习伙伴、参加语言交流活动等方式完成。这种社交网络环境对于语言学习者的优势在于全球范围的学习者交流、丰富的学习资源、学习者之间的互助和支持、实时交流和反馈以及学习的自主性和个性化。但随着网络技术的快速发展，这种环境也给语言学习者带来一系列的问题和挑战，同样不容我们忽视。

首先，在社交网络上，语言学习资源的质量参差不齐，有些可能存在错误或低质量的信息，而且学习过程往往缺乏系统、全面的专业指导，学习者需要具备辨别能力，选择信誉良好、评价较高的专业平台及资源，并且需要主动寻找和整理学习内容。在缺乏监督和管理的情况下，学习者在社交网络上学习容易产生懒惰和拖延的问题，且缺乏持续学习的动力。这时就需要制定明确的学习目标和计划，将学习任务分解为小目标，逐步完成，与学习伙伴一起学习，相互督促和支持，共同保持学习动力和坚持性。另外，社交网络环境中存在许多干扰因素，充斥着大量的信息和内容，学习者可能会因为信息过载而分散注意力，难以专注于学习，或者陷入社交媒体浪费时间和精力的陷阱中，影响学习效果，加之在社交网络上与陌生人交流还存在隐私和安全风险，因此学习者需要抵御网络的信息泛滥，专注于语言学习任务，谨慎保护个人信息，并避免与不信任的用户交流和受到网络安全威胁。一言以蔽之，学习者面对以上的问题和挑战时，需要注意合理利用社交网络资源，克服其中的困难，采取适当策略，实现有效的语言学习目标。

### 4.2.5 虚拟环境

CALL 的虚拟环境是指利用计算机技术、虚拟现实（VR）、增强现实（AR）、在线模拟等技术为学习者提供沉浸式、交互式的语言学习体验的环境和场景。这种环境可以是三维的、交互式的，用户可以与虚拟对象或其他用户进行交互，从而获得类似于真实世界的体验。它通常结合了语言学习的教育内容和技术创新，包括在线课程、语言交流平台、虚拟现实应用等，为学习者提供了更丰富、更灵活的学习体验。通过虚拟环境，学习者可以模拟真实场景，进行语言交流和实践，提高语言技能，加强语言学习效果。虚拟环境的兴起和发展是科技进步和教育需求推动的。随着技术的不断进步，语言学习虚拟环境的功能和效果也在不断提升，成为现代语言教育的重要组成部分。

语言学习的虚拟环境涉及许多技术因素，其中一些重要的因素如下：虚拟现实技术：可以用于模拟语言学习场景、提供语音交流体验等；增强现实技术：可以用于提供实时的语音翻译、扫描文本并显示翻译等功能；语音识别技术：可以用于评估学习者的发音准确性、提供即时反馈等；自然语言处理（NLP）技术：可以用于设计语言学习任务、生成对话内容等；游戏化设计：可以帮助学习者更好地投入学习任务，并激发学习兴趣；云计算和网络技术：可以提供可靠的计算和存储基础设施，支持虚拟环境的运行和使用；用户界面设计：要简洁清晰、易于操作，以提供良好的语言学习体验。

#### 4.2.5.1 虚拟环境的应用形式

虚拟环境为 CALL 提供了更加丰富和真实的学习体验，能够增强学习者的参与度和投入感，提高语言学习的效果和成效。随着技术的不断发展和应用，虚拟环境在语言学习中的应用越来越广泛，其主要形式包括以下几方面：

①虚拟语言学习场景：利用虚拟现实技术，学习者可以进入虚拟的语言学习场景，如虚拟语言学习教室、城市、商店等，与虚拟角色进行对话和互动，提高语言交流能力。

②语音和发音练习：虚拟环境可以提供语音识别和发音评估功能，帮助学习者准确地发音，并提供即时的反馈和指导。

③虚拟文化体验：通过虚拟环境，学习者可以体验目标语言国家的文化和生活，如参加虚拟节日庆典、游览虚拟景点等，增强对目标语言文化的了解和体验。

④游戏化学习：利用虚拟环境可以设计语言学习游戏，提供丰富多样的学习任务和挑战，激发学习者的学习兴趣和动力。

⑤个性化学习体验：虚拟环境可以根据学习者的学习需求和水平，提供个性化的学习内容和支持，帮助学习者达到更好的学习效果。

⑥在线虚拟交流：学习者可以通过虚拟环境与其他学习者进行语言交流和合作，共同学习、练习和进步。

值得一提的是，网络虚拟大学也是当今很流行的一种计算机辅助语言学习环境。它是一种通过互联网提供教育服务的高等教育机构，学生可以通过网络学习课程并获得学位。这些大学通常提供在线课程、虚拟教室、在线图书馆等资源，使学生能够在任何时间、任何地点参与学习，因其灵活的学习时间和地点、多样化的课程选择、个性化的学习体验、全球化的学习资源以及相对较低的学习成本，成为现代高等教育领域的重要组成部分。

#### 4.2.5.2 虚拟环境的优势

首先，虚拟环境为语言学习者提供了沉浸式的学习体验，使学习者仿佛置身于真实的语言环境中。这种沉浸式体验可以增强学习者的参与度和投入感，提高语言学习的深度和效果。由于这种环境提供了创新教学方法和工具以及丰富多彩的学习体验，如虚拟角色、情景模拟、游戏化学习等，因此能够激发学习者的学习兴趣和动机，使其更愿意投入语言学习中，提高整体的学习效果和成效。

其次，虚拟环境为学习者提供了个性化的实践和应用机会。虚拟环境可以模拟各种语言使用场景，如商店、餐厅、旅游景点等，学习者可以应用所学的语言知识和技能，与虚拟角色进行对话、参与虚拟情境中的交流和互动，从而提高语言交流能力和应用能力。同时，它还可以根据学习者的学习需求和水平，提供个性化的学习内容和支持，帮助学习者根据自己的兴趣和学习风格进行学习，实现个性化的学习目标。

最后，虚拟语言学习环境通常配备了语音识别和自然语言处理技术，可以提供即时的语音识别和发音评估功能，帮助学习者准确地发音，并提供即时的反馈和指导。这种虚拟语言学习环境可以突破时空的限制，学习者可以随时随地进行语言学习，不受地理位置和时间的限制，充分利用碎片化的学习时间，提高学习效率和灵活性。同时，还可以帮助学习者更好地理解和尊重不同国家不同文化，促进跨文化交流和理解，培养跨文化交际能力。

#### 4.2.5.3　虚拟环境的问题和挑战

首先，是技术问题。虚拟语言学习环境对技术要求比较高，通常需要一定的技术设备、网络支持以及基础设施，学习者可能需要投入较多的时间和金钱成本，购买昂贵的虚拟现实设备并具备一定的技术水平，对于技术的掌握程度也直接影响着学习者的学习效率和体验。由于虚拟环境的学习依赖于技术设备和稳定的网络连接，一旦面临技术故障和稳定性问题，如软件崩溃、系统卡顿等，学习者的学习效果和体验就会大打折扣，还会影响其坚持学习的积极性。多伊奇曼（Deutschmann）和他的同事们在2009年做了一项研究，他们调查了学习者对以学习为目的的虚拟环境持何种观点以及这种环境是否有利于参与度的增加。此研究得出了许多值得关注的成果，其中就包括学习者认为很多时候"技术成为交流的障碍"（Deutschmann et al., 2009）。还有一点值得注意，每项研究的早期阶段都列举了技术难题。很多研究都表明学习者不能很好地控制自己的虚拟形象，他们更专注于交流而非虚拟形象（Toyoda and Harrison, 2002）。由此可以得出这样的结论：如果技术过于复杂，那它很有可能会偏离而非促进原本的目的。

其次，是虚拟环境的非真实性带来的问题。本质上来讲，虚拟语言学习环境无法完全模拟真实的语言使用场景和人际互动，学习者在虚拟环境下可能缺乏与真实情境下的语言使用相关的真实感和情感连接，缺乏绝对真实的沟通体验。其在一定程度上影响学习效果，更重要的是对学习者情感上有负面影响。他们可能会产生学习的孤立感和距离感，时间一长导致学习动力不足以及兴趣降低。很多研究表明，虚拟环境下的语言学习会降低学习者学习的持续性和专注性。在虚拟世界里，学习结果如何取决于参与者本身。也就是说，在任何线下环境里，教师有必要在心里设定具体的目标并且将它们清楚地呈现给学习者，否则学习者可能会从事一些与语言学习目的无关的活动。而在虚拟环境里，除非有适当的控制措施来避免外界的干扰，否则学习者很容易受其他非学习参与者的影响而分心甚至转到其他远程虚拟世界中去，或者干脆放弃学习。

## 实例展示

　　计算机辅助语言学习的环境非常广泛，以上我们列举的五种也只是其中应用比较多的类型。我们无法利用一个综合的案例来涵盖所有的环境种类，因此这里仅提供其中一个混合环境的例子来做分析展示。在下面的案例中，学习者通过线上线下两种方式的混合来进行"商务英语写作"课程的学习。

　　背景描述："商务英语写作"是某大学商务英语专业某班级学生的专业必修课。本课程以具体商务实例为媒介，帮助学生在学习英语语言特点的基础上掌握多种商务文书的写作；在培养学生商务沟通能力的同时，启发学生的思考和创造力，提升语言综合素质和跨文化能力。学习者为非英语母语的中国大二年级学生，之前具备一定的英语基础听说读写能力，希望通过本门课程的学习提升语言应用能力和写作能力。本课程的主要授课方式为线上线下混合式教学以及翻转课堂。

　　学习环境及过程：该课程线上线下混合式教学环境主要体现在综合利用在线教学平台和实体教室资源。该课程的线上教学环境主要安排在超星慕课平台，该平台提供了一系列在线学习资源和空间，包括课程内容展示、音视频播放、学习任务点、学生讨论、资源分享、作业提交、虚拟班级空间等。学生每周至少需要3~4个小时进行线上平台的学习，完成教师安排的相关学习任务。线下教学活动组织则在实体教室环境中进行，每周两节课（共100分钟）主要安排专题讲座、小组讨论以及案例展示等活动。其余课外时间还适当组织企业实地考察、商务写作比赛等。

　　具体来说，对于每一单元的学习，线上环节主要体现在：课前教师通过慕课平台发布课程内容，展示商务英语写作技巧、范例分析等，并布置学习任务，学生通过平台进行预习并自主完成。课中师生可以实时在线讨论和互动，教师可以安排虚拟班级空间进行在线讨论，学生可以在其中提出问题、分享心得，与教师和学生互动交流。课后教师则进行在线作业布置，如写作练习、案例分析等，然后通过在线平台批改作业，并提供反馈和建议。其中还包括在线资源的分享，即提供商务英语写作相关的在线资源，如电子书籍、视频教程等，供学生自主学习和参考。另外，线下环节主要在于实体课堂讲授，教师重点讲解和强化线上课程中的重点难点内容，安排面对面的小组讨论与合作，让学生在小组内讨论解决实际商务写作问题，提高合作能力和解决问题的能力。教师还会安排学生在课堂上展示线上作业成果，进行学生评议和教师反馈，形成师生互动、生生互动的氛围。线下活动还包括课外实践和案例分析，即组织实地考察、企业访谈等实践活动，或者进行商务案例分析，帮助学生将理论知识与实际应用相结合。在整个教学过程中，教师对学生进行实时的学习管理和指导，包括线上课程学习任务布置、线上答疑辅导、定期跟踪学生学习情况、提供个性化的学习指导。课程的评估与反馈机制采取线上线下相结合的综合考核方式，如线上测验、线下作业、项目报告等，定期进行学习成绩评估，并提供详细的反馈和建议，鼓励学生互评和自评，促进学习氛围的建设。

　　问题与发现：该课程的学习利用 CALL 的混合环境，旨在提高学生的语言学习成效，并解决传统语言教学中存在的一些问题，如学生的学习动机、个性化教学需求和灵活性。通过对教育技术本身、教学设计理论和跨文化交际等方面的具体分析，结合学生的期末总体成绩、教务处的评教反馈以及教师开展的学生问卷调查，有以下几点重要发现，其中包括存在的一些问题和挑战：

　　①通过这种混合环境下的学习模式，学习者的语言学习成效显著提高。他们"商务英语写作"课程期末综合成绩相对提高，学生的写作水平提升是比较明显的。教师的切身感受是写作课堂效果明显好转，学生学习更具积极性参与性，师生互动氛围更好。这些改变是在班级总体成绩单以及课堂录制的视频里能够明显体现出来的。

　　②通过学生的评教和问卷调查可以看出，这种混合环境的教学让学习者的学习兴趣和主动性有了很大提升。大多数学生认为，线上丰富的学习资源和多样的学习方式让他们对这门课程更加感兴趣，学习起来也更加得心应手。他们可以随时随地完成线上学习任务，不再拘泥于固定的时间和地点；在线上遇到问题教师还可以实时进行互动和解答，并且能提供比较个性化的

辅导，对他们来说是十分贴心的。还有学生在问卷中表示，在线展示作业及写作成果，比在线下更具安全感和隐私性，对他这种比较内向害羞的学习者来说更为合适，这种线上学习让自己更加有自信了。

③混合环境需要良好的技术支持，需要投入大量资源来建设和维护在线学习平台，包括技术人员和设备以及教师和学习者的技术培训。平台数据统计以及问卷调查结果显示，网络的不稳定和平台技术故障是令学习者和教师面临的最"头疼"、最"无奈"的情况之一。尽管这种情况并不是经常发生，但还是使学习者感到"十分受挫"，影响心情和学习效果。

④线上平台数据显示，部分学生作业完成情况以及讨论互动状况不够理想，有些学生在平台的学习痕迹不够明显，这表明在混合性学习环境下，学生学习自律性是个值得关注的问题。除了线上按时出勤以外，学习者需要具备一定的自律性和自主学习能力，才能有效地利用在线学习平台，将线上学习作为线下课堂更好的补充和配合。教师也应当在此方面加强监督与管理。

⑤调查问卷结果显示，绝大多数学习者对这种线上线下混合的学习环境普遍看好，认为在当前技术高速发展的时代是必需和必要的，可以拓展到其他语言学习课程。同时，也对混合环境语言学习的未来更新和发展充满信心。

分析与结论：通过以上对"商务英语写作"课程教学过程及效果的展示，我们不难看出，线上线下混合的环境对于语言学习者和教师来讲都是当前不错的选择。它结合了传统课堂以及网络学习的优势，线上线下互相补充、相得益彰。教育技术的发展为学习者和教师赢得了更多的教学资源和空间，让语言学习的过程更具灵活性和便利性，学习内容更加丰富也更具个性化，语言课程的教学效果得到很大的提升。同时，这种良好的学习效果和体验也得益于线上平台和线下课堂二者的有效配合。如何让线上学习不偏离教学目标而与线下面授无缝连接，从而达到"1+1>2"的效果，长久以来都是我们重点思考的问题。教师在进行课程规划和设计的时候，需要充分考虑到这一点，线上平台学习任务的布置、讨论互动的组织、在线测试及辅导答疑，都要与线下课堂的教学步骤达成统一，要注意节奏和配合，有序开展教学和组织活动。在这个过程中，如何提升学习者的自律与学习自主性，如何进行有效的技术保障和支持，也都是我们值得长期关注的问题。总之，计算机辅助语言学习的混合环境对于提高语言学习效果方面具有巨大潜力和美好前景。为了更好地发挥其优势，学校及其相关教育机构可以加强教师培训，优化课程设计，并积极探索新的教育技术和教学方法。这将有助于满足不断变化的学习者需求，充分利用技术进步，提高教育质量，促进跨文化交流与理解。

## 4.3 结论及启示

本章讨论了计算机辅助语言学习中环境的多样性，主要涉及了随着新技术发展当下应用最普遍的五大类学习环境。首先，语言学习环境的多样性对学习者的语言习得和文化理解至关重要，学习者可以根据自身需求和条件选择不同的应用环境和方法，可以拓宽视野、提升语言学习效率和效果。多样性的语言学习环境可以体现在课堂教学、课外实践、网络学习、社交活动以及虚拟沟通等多个方面，学习者可以充分利用多种学习资源和平台、采用不同学习方法和形式、完成不同的语言任务和学习目标，具有多元化的特点。考虑到学习者的个体差异，多样性的学习环境还满足了多种不同的学习需求和兴趣，个性化的学习路径设计和教学支持能够提高学习者的学习动机和成效。在这里，我们无法对各种环境进行比较而判定孰优孰劣，也很难预料各种新技术的发展终将把语言学习的环境带向何方。没有一种学习场景集合了所有的环境类型，也没有一个具体的案例就能涵盖所有学习环境分析。环境本身的多样性就证明了计算机辅助语言学习各个方面的复杂性和广泛性，包括学习个体、学习内容、学习方法、学习技术、学习资源等，因此我们不能用片面或者单一的眼光和观点去衡量这个命题。事实上也无法做到。

然而，计算机及网络技术的发展终是语言学习环境进步和改善的重要条件。虽然面临着诸多问题和挑战，如本章中反复提到的客观技术限制以及主观人为因素，我们依旧可以预见到技术的发展让 CALL 环境持续优化的美好未来和前景。在这个进步的过程中，多元化的学习资源、创造性的语言教学、自主性的学习和反思、跨文化的交流与体验、技术的培训和专业发展，都是在多样化环境下提升语言学习效果的重要因素。随着研究和实践的继续，我们需要运用发展的眼光，进一步认识在计算机辅助语言学习中的环境多样性问题，这也将成为一个持续性的研究课题。

# 5 CALL 资源的多样性

## 5.1 概述

随着计算机和信息技术的迅猛发展和普及应用，CALL 资源急剧扩展和丰富。互联网是一个无尽的资源库，其中多种多样的内容资源为语言学习者和教师所用，成为提升学习及教学成效的重要因素。同时，信息时代对传统的语言教育教学模式尤其是学习资源的获取方式产生了根本性的冲击，以现代信息媒体为依托的开放式学习已成为构筑知识经济时代终身学习的主要手段。在这种背景下，新型的开放式语言学习模式对学习资源多样性提出了要求，而这种学习资源的多样性也成为现代语言学习和教育发展的关键因素。

丰富多样的学习内容和资源为广大语言学习者和教师提供了无尽的教学便利和无限的发展前景。互联网的普及以及网络教育的发展让这种教学资源多样化成为可能，而其中开放式教育资源（OER）以及开放资源软件（OSS）的发展和相互结合是十分值得我们关注和探讨的问题之一。OER 和 OSS 对于教育的普及性、创新性和可持续性都具有重要的意义，为建设开放、包容、共享的教育环境作出了重要贡献。但与此同时，开放式教育资源无可避免地面临着一些问题和挑战。尽管多种多样的学习内容和资源对语言学习和教学都起到了促进作用，但还有一些根本的问题需要思考。比如，开放资源软件工具的使用便利以及学习资源的唾手可得会造成一种错误的假设，那就是在诸如语言教室这样的真实教学环境中不加思考不予选择地使用这种资源是一种理所当然。可事实上，如何有意义地使用它们需要教师有效的课程设计和教学方法，也需要学习者有效的鉴别和有的放矢地加以利用。克拉尔布特和艾伦（Clarebout and Elen，2008）在他们的研究中曾指出：我们需要关于课程设计和课堂教学的新方法，因为它们可以阐明人与人交往的复杂性、教学的内容以及机构背景。本章将围绕CALL资源的多样性展开讨论，在网络教育发展的大背景下主要探讨开放式教育资源，重点关注开放资源软件以及开放式许可协议的相关问题，最后对其产生的问题和影响加以阐述和总结。

## 5.2　网络教育的发展

CALL资源的多样性得益于网络教育的快速发展。顾名思义，网络教育是利用互联网和数字技术进行教和学的一种教育形式。它通过网络平台提供教育资源和学习机会，使学习者可以在任何时间、任何地点通过网络学习课程、获取教材和参与教学活动。网络教育可以包括在线课程、远程教育、混合式学习等形式，涵盖了各个教育阶段和学科领域。通过网络教育，学习者可以享受到更为灵活、便捷和个性化的学习体验，促进了教育的普及性、创新性和可及性。

近些年，网络教育的发展已经成为教育领域的一个重要趋势，其必然性主要体现在以下几个方面：

①技术支持：随着互联网和数字技术的快速发展，网络教育得到了强大的技术支持。高速互联网的普及使得学习者可以随时随地通过电脑、平板电脑或智能手机访问网络课程和教育资源。

②便捷性和灵活性：网络教育为学习者提供了更为便捷和灵活的学习方式。学习者可以根据自己的时间和地点选择课程，自主安排学习进度，从而更好地适应工作、家庭和其他生活需求。

③资源丰富：网络教育平台上汇集了来自全球各地的教育资源，包括在线课程、教学视频、电子书籍等，丰富多样的资源使得学习者可以选择适合自己学习需求的内容。

④个性化学习：网络教育借助技术手段，能够更好地实现个性化学习。通过智能算法和数据分析，平台可以根据学习者的学习习惯、兴趣和水平推

荐适合的学习内容和资源，提供个性化的学习体验。

⑤互动与社交：网络教育平台提供了丰富的互动和社交功能，包括在线讨论、群组学习、实时答疑等，学习者可以通过这些方式与教师和其他学习者进行交流和互动，增强学习效果。

⑥职业发展和终身学习：网络教育为个人的职业发展和终身学习提供了更多的机会和可能性。通过网络课程和在线学习项目，学习者可以不断提升自己的知识和技能，适应社会和职业发展的需求。

网络教育的发展经历了从早期阶段到互联网时代、开放式教育资源的兴起，再到移动学习和智能化时代的历程。在发展早期阶段（20世纪80年代至90年代初），网络教育主要受限于计算机技术和互联网的萌芽阶段。一些早期的远程教育项目使用邮寄教材、录音磁带和视频带进行远程教学。随着互联网时代的崛起（20世纪90年代中期至21世纪初），网络教育开始进入新的阶段。学校和机构开始利用互联网创建在线课程和学习资源，出现了一些知名的在线教育平台和学习管理系统。直至开放式教育资源的兴起（21世纪第一个十年中期至今），开放式教育成为网络教育的重要组成部分。越来越多的教育者和机构开始创建、分享和利用开放式教育资源，推动了教育的可及性、创新性和共享性。而随着智能手机和移动设备的普及，移动学习和智能化时代（21世纪第二个十年至今）来临，移动学习成为网络教育的一个重要趋势。学习者可以随时随地通过移动设备访问在线课程和学习资源，从而实现更为灵活和便捷的学习方式。后来随着人工智能、大数据和机器学习等智能化技术的发展（21世纪20年代至今），网络教育开始探索如何利用这些技术提升学习体验和效果。智能算法可以根据学习者的需求和兴趣推荐个性化的学习内容，以及提供定制化的学习支持和辅助。如今总体来说，随着技术的不断进步和社会的不断变化，网络教育将继续朝着更为智能、个性化和可持续的方向发展，在语言教学领域也将继续发挥重要作用，不断适应和满足教师和学习者的要求。

网络教育的发展和不断进步为语言学习内容和资源的多样化提供了重要的背景和支撑。从每个不同的发展阶段我们都能看到学习资源的一步步进化和日渐丰富。在这个发展过程中，教育资源的开放性逐步扩大，越来越多的开放式教育资源进入人们的视野和应用范围。为了更加深刻地理解学习资源的多样性，探讨开放性教育资源问题是一个重要的切入点。

## 5.3 开放式教育资源

开放式教育资源（OER）是指可以自由获取、使用、修改和分享的教育内容、工具和资源，通常采用开放许可证进行授权。这些资源可以包括教材、课程设计、教学视频、软件工具等，其开放性使得任何人都可以免费或低成本地获取并利用这些资源，教育资源可以更广泛地被学习者、教师和教育机构利用，从而促进了教育的可及性和创新性。史蒂芬·道恩斯（2015）认为，开放环境下的教育资源应当是免费共享且具有可持续性的资源，即共建共享教育资源。网络教育资源的共建共享是人在网络学习空间中的一种共享，人与资源之间、人与人之间的交互促进了资源的发展。在网络空间中，教育资源发展经历了由零散的资源聚合成知识点，然后由知识点聚合成知识网络的过程。在这个过程中，资源数量和质量呈螺旋式上升，并不断扩展知识网络空间（冷玉芳，2017）。当前信息化背景下的开放式教育资源特指利用网络信息技术，对传统模式的教育资源进行处理，使之在网络平台上呈现出来，让学习者能在网络上与教师进行交流互动、实现自主学习的教育资源。

开放式教育资源为建设开放、包容、共享的教育环境作出了重要贡献，具有重要的意义。OER的兴起与以下几个背景和趋势密切相关：

首先，数字化技术的发展。随着互联网和数字技术的迅速发展，教育内容的传播和共享变得更加容易和便捷。互联网的普及使得教育资源可以轻松地在全球范围内分享和获取，为OER的兴起提供了技术基础。

其次，传统教育成本的增加。传统教育资源如教科书、课程材料等价格昂贵，这使得许多学习者和教育机构难以承受。OER的免费或低成本特性对于解决教育成本问题具有重要意义，因此受到越来越多人的关注和青睐。

再次，对教育公平与可及性的追求。OER的出现受到了对教育公平和可及性关注的影响。通过免费或低成本的教育资源，OER有助于弥补不同地区、不同社会群体之间的教育资源差距，为更多人提供平等的学习机会。

从次，知识共享和开放文化的倡导。在知识经济和数字化时代，知识共享和开放文化逐渐成为主流。越来越多的教育者和机构认识到，通过开放共享教育资源可以促进知识的创新和传播，提升教育的质量和效率。

最后，政府政策的支持。一些国家和地区的政府制定了支持 OER 发展的政策和倡议，鼓励教育机构和教育者积极参与到 OER 的创建、分享和利用中，从而推动了 OER 的兴起和发展。

总之，开放式教育资源的兴起源于多种因素的综合作用，包括技术、经济、社会和政策等各个方面。

### 5.3.1 开放资源软件

开放资源软件是开放式教育资源的重要组成部分，在 CALL 中具有广泛的应用。

#### 5.3.1.1 开放资源软件及发展

开放资源软件（OSS）是指其源代码对所有人开放，并且根据开放源代码许可证允许用户自由地使用、修改和重新分发的软件。这种软件模型鼓励合作和共享，从而促进了软件的创新和发展。一些知名的开放资源软件包括 Linux 操作系统、Apache HTTP 服务器、MySQL 数据库管理系统、Mozilla Firefox 浏览器、WordPress 内容管理系统等。这些开放资源软件在各自领域取得了巨大成功，并且为用户提供了强大的功能和灵活性。开放资源软件的兴起和发展可以追溯到 20 世纪 80 年代末和 90 年代初，当时的软件开发社区开始对传统的专有软件模式提出疑问，并积极探索开放源代码模式的潜力。其中，几个主要的里程碑事件为：1983 年 GNU 计划的启动，1985 年自由软件基金会的成立，1998 年开源运动的兴起，1991 年 Linux 操作系统的发展，1995 年 Apache HTTP 服务器的崛起和 MySQL 数据库的出现，以及后来开源社区的壮大、商业化和社区的发展。这些开放资源软件不仅在技术上取得了巨大成功，也在商业和社会层面产生了深远影响。

开放资源软件运动（OSS Movement）是一个旨在推广和支持开源软件开发和使用的社会运动。该运动强调软件的开放性、透明性和共享性，鼓励软件开发者通过开放源代码的方式共享其软件，并允许用户自由地使用、修改和分发这些软件。开源运动的核心原则包括开放源代码（软件的源代码应该对所有人开放，用户可以查看、修改和重新分发源代码）、自由使用（用户有权利自由使用开源软件，不受限于使用目的或用户数量）、修改和衍生

（用户有权利修改开源软件，并将修改后的版本重新分发给其他人，促进软件的创新和改进）、分发和共享（开源软件应该可以自由地分发给其他人，促进知识的共享和传播）、社区合作（开源软件开发通常是一个开放的社区合作过程，鼓励软件开发者和用户共同参与到软件的开发和改进中）。开源运动的发展受到了许多因素的推动，包括技术发展、知识共享理念的普及、对专有软件模式的反思等。通过开源运动，许多优秀的开源软件项目得以诞生，为用户提供了强大的功能和灵活性，同时也推动了软件行业的创新和竞争，降低了软件开发和使用的成本，促进了知识共享和开放文化的发展，推动了数字化时代的进步和发展。

### 5.3.1.2 开源软件工具在 CALL 中的应用

近年来，开放资源软件工具在计算机辅助语言学习中得到了广泛的应用，其中包括语言学习应用程序、虚拟语言实践平台、多媒体资源管理工具、语音识别和发音练习、在线课堂工具等。这些软件工具可以有效地降低教学成本、提高灵活性、促进语言学习的合作和共享，并得到了持续改进，可访问性比较高，提供了丰富的资源和技术支持，有助于提高学习者的学习效果和教师的教学效率，在 CALL 领域具有很大优势。在中国，一些开源软件工具也在语言学习领域得到了广泛应用，比如 Moodle，许多学校和机构都在使用它来创建在线课程，包括语言教学方面；Mooc 学院，很受欢迎的在线教育和学习平台，提供了大量的免费语言课程资源；Audacity，可以用于语音录制、编辑和处理，是语音学习的一个不错的选择。

利用开源软件工具辅助语言学习也会面临一些问题和挑战。对于学习者和教师来说，学习如何正确使用开源软件工具可能需要一定的技术知识和技能。对于不熟悉技术的人来说，这可能会增加学习曲线和使用难度。虽然有许多开源软件可供选择，但并不是所有软件都具有高质量和可靠性。有些软件可能存在技术漏洞或功能不完善，这可能会影响到教学效果和学习体验。另外，开源软件在不同平台和操作系统上的兼容性可能存在问题或存在限制，有些软件可能只能在特定的操作系统或环境下运行，这会限制教师和学习者的选择和使用范围。安全和隐私也是很多人关心的一个问题。在线学习涉及个人信息和数据的交换和存储，使用开源软件时，需要确保软件的安全性和隐私保护措施，以避免个人信息泄露或数据被盗用的风险。最后，开源软件的持续发展和更新可能受到社区参与程度和资源限制的影响。一个软件项目如果没有足够的开发者和资源支持，可能会导致软件功能停滞不前或缺乏更新，也可能会影响到语言学习效果和用户体验。

### 5.3.2 开放式许可协议

确保学习资源的合法性和合规性对于促进教育资源的共享和流通至关重要，因此版权问题也是开放式教育资源面临的重要问题。开放式教育资源通常采用开放式许可协议以确保资源的自由获取、使用、修改和分享，同时保护作者的权利。这些许可协议通常与版权法相结合，允许作者保留某些权利，同时授予使用者特定的权限，以确保创作物的开放性和可持续性。最常见的开放式许可协议如 Creative Commons（创意共享）系列许可，它们提供了多种选择，包括允许商业使用或禁止商业使用、允许修改或禁止修改等选项，因此用户在使用这些资源时需要遵守相应的许可协议条款。

开放式许可协议在语言学习领域扮演着重要角色，它为教师和学习者提供了更广泛、更灵活的学习资源。教师可以利用开放式许可协议下的教材、课件、音频和视频等资源，根据学习者的需求和学习目标进行定制和修改。这种灵活性使学习内容更贴近学生的实际需求和兴趣，提高了语言学习的吸引力和教学效果。同时，开放式许可协议也鼓励了教师之间的合作和资源共享。教师可以通过开放式许可协议分享自己制作的教学资源，也可以从其他教师那里获取高质量的教学资源进行使用。这种合作与共享的模式有助于丰富教学内容，提高教学质量，也节省了教师们的时间和精力。开放式许可协议鼓励他人对资源进行修改和改进，从而促进教学方法和内容的创新和改进。其他教育者可以根据自己的实践经验和需求对资源进行定制，使其更适合不同的学习环境和学习者。总体来说，采用开放式许可协议对语言教学具有必要性和重要性，可以促进共享和交流、法律合规、创新和改进、保护作者权益以及推动教育公平。

在计算机辅助语言学习中，教师可以充分利用开放式许可协议，丰富教学资源，促进教学创新，提高教学质量和效率。通常所采取的方式有，一是获取开放式许可的教学资源：教师可以从开放式许可协议下的资源库中获取教材、课件、练习题、多媒体资料等各种教学资源。二是定制教学内容：教师可以根据学生的需求和学习目标,自由地定制和修改教学资源,使教学内容更贴近学生的实际需求和兴趣。三是创作教学资源:教师可以创作自己的教学资源,并选择合适的开放式许可协议进行发布,以便其他教师和学生自由地使用和修改。四是分享与合作:教师可以将自己制作的教学资源分享给其他教师,也可以从其他教师那里获取高质量的资源。这种资源共享与合作的模式有助于提高教学质量和效率。五是鼓励学习者参与:教师可以鼓励学生参与到教学资源的创建和修改中来,增强他们的学习参与度和创造力。

开放式许可协议在语言学习中的应用也会产生一些问题,值得我们关注。比如,学习资源质量的控制难度增大。开放式许可协议允许任何人使用和修改学习资源,这可能导致质量参差不齐的资源大量涌现,学习者和教师需要花费更多的时间和精力来筛选和评估资源的质量。然而一些教师可能过度依赖于开放式许可协议下的资源,却忽略自己的教学创新和个性化教学的发展,导致教学内容的单一化和教学质量的下降。还存在版权纠纷的问题,如开放许可协议使得语言学习资源可以被多人修改和使用,可能会引发版权纠纷,特别是在修改和共享过程中可能存在误用或侵权行为。学习者在使用过程中可能会误解开放许可协议下的语言学习资源可以随意使用,而不考虑版权和作者的权益,从而出现不当使用或侵权行为。解决这些问题的关键在于教育、规范和监管。教师和学校相关机构应加强资源管理和监管,确保语言学习资源的质量和合法性。

### 5.3.3 CALL 开放式资源建设

CALL 开放式资源建设意义重大,需要学习者及资源建设者对资源形式进行有效选择以及对建设原则进行严格把握。

#### 5.3.3.1 选择合适的资源形式

在当前科技进步和信息化背景下,共享开放的学习资源是海量的,涉及面非常广泛,支持平台多种多样,给语言学习者带来了更多选择,大幅提升了他们的学习体验。在 CALL 环境下,学习者可以根据不同的学习目标和需求,选择适合的开放式教学资源,提高语言学习的效率和成果。其主要形式有,一是在线课程平台:利用在线教育平台等提供的免费或付费语言课程,学习者在自主学习的同时获取系统化的教学资源和指导。二是开放式教科书：利用开放式教科书等提供的免费在线教材，为学习者提供多样化的学习内容和互动体验，促进知识的积累和理解。三是多媒体资源库：利用开放式多媒体资源库如在线电影和音乐等，为学习者提供丰富多样的语言输入和文化体验，激发学习兴趣和提高学习动力。四是语言交流平台：利用语言交流平台让学习者与母语人士进行语言交流和实践，提高口语和听力能力，增强语言运用的信心和流利度。五是在线练习平台：利用在线语言学习应用程序为学习者提供个性化的语言学习体验，通过游戏化学习的方法激发学生的学习兴趣和动力。六是虚拟语言学习环境：利用虚拟语言环境为学习者提供沉浸式的语言学习体验，模拟真实生活场景中的语言交流和互动，提高学习者的语言运用能力和应对能力。

#### 5.3.3.2 遵循基本的建设原则

在 CALL 领域，随着学习者语言学习需求的不断提升，开放式学习资源将面临不断的形式更新和内容更新，资源的建设具有广泛性和复杂性，因此在建设过程中需要遵循一些基本的原则（徐新新，2018）。

首先是专业性。当前信息化的大背景下，开放式学习资源来源渠道多种多样，传统的基础性教学资源与丰富的数据网络资源相融合，学习者能接触到的资源内容十分冗杂，一不小心就会花费不必要的时间在不相关专业上。因此在语言学习资源建设中，必须加强对内容和信息的筛选力度，保证资源做到专业最大化，针对语言学科特点、专业特点，完善教学和学习体系。在保证专业的同时，也要注重资源的质量，不能为求资源丰富而流于形式，产生资源陈旧无变化或烦冗且质量低下的现象。

其次，扩展性。语言学习资源的建设势必是一个漫长的过程，在这一建设过程中会有不断的相关知识衍生出来，有自主探究精神的使用者在使用学习资源库时，也往往不单单满足于所查阅的专业内容，还想对其进行知识结构体系的相关扩展与创新。因此在开放式资源建设过程中不仅要注重资源的专业性，对语言学习资源进行适当的扩充和更新也是必不可少的，需要保持资源的可持续发展，做好需求导向建设。

最后，交互性。当前的语言学习往往是传统课堂教学和线上网络教学的融合，而在网络教学中教师与学习者是分离的，资源建设中值得考虑的重要原则就是交互方式的多样、交互水平的高低。因此开放式语言学习资源建设中应注重交互环节的设计，一是人与人的交互，泛指学习者之间的相互协作、学习者与教师之间的教学交流，以及实现学习者学习的自我总结与完善；二是人与网络的交互，指通过网络教学资源的引领和交流实现学习者的自主学习，提升和改善语言学习的效率和成果。

在开放式资源建设的实际操作方面，许多研究和实践者都从不同角度给出了可行的方案，值得我们思考和借鉴。比如，大数据背景下"天网-地网-人网"三网的结合和统一模式，实现优质开放教学资源的高效整合利用（袁芳，2017）；移动互联网快速发展环境下将结构精细化、设计模块化、内容微型化、获取关联化原则引入开放式学习资源建设（霍天枢，2020）；智慧教育趋势下将VR（虚拟现实）技术应用到学习资源建设中，通过全景展示、体验训练、平台支持等类型的资源构建，实现开放式资源与技术应用的深度融合（李慧娟，2023）；等等。CALL开放式资源的有效建设和利用需要根据语言教学环境、学习者特点及需求，因地因时因人而异，进而充分发挥资源开放、创新、协作等优势，促进语言学习的高效性和可持续性。

## 5.4 问题和影响

如上所述，互联网是一个巨大的资源库，拥有海量的信息和内容。学习资源的多样性对于CALL环境下的学习者和教师都是一个福音。在网络教育盛行的时代，新技术的高速发展，开放式教学资源的极大丰富，让每一位身在其中的人都感到无比满足和充满希望。然而面对如此浩瀚的资源海洋，如此飞速的技术更新，我们很多时候也会产生迷失和无所适从。不得不承认，学习资源的多样性让CALL环境下的语言学习和教学同时面临着一些问题和挑战，也对相关领域的研究和实践产生了一定的影响。关于开放式学习资源的质量不一、技术依赖、隐私安全以及学习者自主性等问题一直以来都备受关注，很多研究者都进行了相关的调查论证，也取得了一定的研究成果，在指导语言学习和教学实践方面做出了贡献。下面我们就其中几个重点问题和影响进行强调和总结。

首先，CALL模式的多样性和先进性是对传统语言学习方式的一种冲击，如何选择和利用合适的学习资源以及如何进行合理的学习资源建设是对学习者和教师提出的重要课题。面对开放式资源的海量信息，很多时候学习者可能会感到迷茫，难以筛选和消化合适的学习内容和资源，容易陷入信息过载的状态，导致学习路径不清晰，学习效率不高。丰富多样的资源让学习者陷入分散注意力的困境，难以集中精力按照预定的安排去学习，还可能被其他不相关的内容牵扯精力。调查数据表明，网络学习已经成为语言学习的常态，是课堂教学的重要补充。从网络学习内容看，63%的学习者选择下载有关专业课的内容；30%的学习者是获取一般的教学信息；而17%的学习者上网解决自主学习过程中的疑难问题。在这个过程中，学习资源的多样性对学习者的语言学习产生一定的困扰，问题主要集中在对学习内容和信息的有效鉴别和筛选。另外，在CALL开放式学习环境中，很多时候学习者需要自行规划学习时间和学习进度，缺乏外部压力和约束，加之可能缺乏及时的反馈和评估机制，难以准确评估自己的学习进展和水平，此时学习者容易出现自我管理问题，导致拖延或失去明确的学习目标和动力，影响语言学习的效果和持久性。虽然开放式资源提供了丰富的学习内容，但学习者可能因缺乏交流和互动而感到孤立，尤其是缺乏教师指导和沟通的时候，学习者往往产生迷失和焦虑，从而大大影响学习效率。一项调查研究表明，93%的学习者认为开放式的学习资源对他们的自主性语言学习很有帮助，但仍然需要教师的集中辅导、学习者的协作以及交互学习来完成自己的学习任务。面对以上问题，一些学校和机构在教学资源的建设方面采取了相应的措施，努力加强内容和信息的专业性、延展性和交互性；教师对学习者提供适时指导和支持，根据学习者需要制定清晰的教学计划和目标，采取有针对性的策略来选择和管理学习资源；同时帮助学习者建立自律意识和自主学习习惯，以克服开放式资源带来的困难和挑战。

其次，CALL学习资源的版权和许可也是我们必须关注的一个重要问题。开放式教育资源的版权问题是一个重要的议题，我们需要在确保知识共享和教育普及的同时，维护原创作者的合法权益。使用开放式资源时需要注意版权和许可，避免侵犯他人的知识产权。有些资源可能没有明确的版权声明或许可协议，学习者和教师都需要谨慎选择和使用，确保合法合规。最重要的就是开放许可证，大多数OER都受到特定类型的开放许可证保护，这些许可证允许作者指定他们的作品被他人使用的方式，例如是否需要署名、是否允许商业用途、是否允许修改等。OER的用户需要遵守所适用的开放许可证，确保在合法范围内使用和转载教育资源。这包括遵循许可证规定的署名要求、不违反限制性条款、尊重作者权益等。有时候，教育资源的版权归属可能会成为争议的焦点。在共同创作或合作开发的情况下，需要明确规定版权归属，并确保所有相关方都同意使用和分享资源。对于一些未受版权保护或未受到公共领域（Public Domain）保护的教育资源，用户可以根据合理使用和公平使用原则合法地使用这些资源，但需要遵守相关法律和规定。保护 OER 的知识完整性也是非常重要的，在修改和重新使用资源时，需要遵循合适的准则，确保知识的准确性、客观性和权威性得到维护。总的来说，OER 的版权问题需要综合考虑知识共享、创作者权益和教育普及等多个因素。开放许可证为 OER 的版权管理提供了重要的框架，但用户和创作者仍需遵守相关法律法规和道德准则，保障所有利益相关方的权益。

最后，CALL 环境下学习资源的多样性让学习者的自主性学习问题成为很多研究的焦点。随着信息技术的发展，学习内容和资源的持续开放，学习者如何在丰富多样的学习资源面前把握语言学习的自主性和高效性，成为许多研究者和教师的研究实践课题。自主性学习方式强调个体的自我激励、自我管理和自我评价能力，有助于培养学习者的主动性、创造性和独立思考能力。学习资源的多样性要求学习者能够提高自主性学习的能力，同时也为自主性学习提供了丰富的选择和支持。当学习者面对各种不同类型的开放式资源如书籍、网络课程、多媒体平台、实践项目等，他们有更多的自由去选择适合自己学习需求和学习风格的内容，同时也需要明确自身的学习目标和学习规划，让丰富的学习资源服务于学习效率的提高，让自主性学习成为一种良好的能力和习惯。在 CALL 领域，自主性学习的调查研究大多为了解学习者在语言学习过程中自主选择学习内容、制定学习目标、管理学习时间、评价学习成果等方面的情况。这类研究通常通过问卷调查、面试、教学实践观察等方法进行，以收集语言学习者的自主学习行为和态度数据。很多研究都证明了学习资源的多样性与自主性学习存在着密切的关系，对在开放式资源环境下培养学习者自主性学习能力以及对教师的教学及教育决策者的政策制定都具有十分重要的意义。如今这方面的研究仍在持续进行当中。

# 6 CALL 模态的多样性

## 6.1 概述

学习模态是指通过多种方式获取和处理信息的方法，在教育和认知科学领域，包括视觉、听觉、触觉等感官通道。为了提高学习效果，采用多模态学习方法可以帮助个体更全面地理解和记忆信息，涉及视觉化、听觉提示、实际操作等多种学习方式的结合。在当今的教育背景下，计算机辅助语言学习作为一个活跃的研究领域，正在不断演进，它依托计算机技术支援和提升语言的学习过程。科技的进步和教学观念的创新使得 CALL 越发倾向于模态的多元化，目标是为每位学习者量身定制充满吸引力的个性化学习经验。

在 CALL 实践中对于模态多样性的运用表现为教学素材和活动计划的丰富度和适应性。此策略透过各种学习方式的综合应用，旨在提供更完整的语言学习经历。这包括运用各类信息媒介，例如"文本""声音""影像""即时交流""图表""符号"以及各种书面及口头表达形式，"纯听"及"视听结合"等不同的信息承载方式等，配合交互式学习工具的使用，以提高学习者的参与度和兴趣，进而更有效地加强语言能力的培养。在这种多样化的计算机协助下的语言学习背景中，学习者得以通过众多感知方式深入参与学习过程，如通过阅读文字、观赏图像或视频来刺激视觉；通过倾听发音、会话或音乐来激发听觉；乃至于通过触控屏幕操作、互动式软件或模仿实际场景中的语言应用来触发触觉感受。这种全感官的学习体验不仅让学习者对语言内容有更深刻的领悟,也使得语言的学习过程远离了单调与乏味。

从教育心理学视角出发,由于学习者有着各自不同的性格特点和偏好,CALL 环境下的不同学习模态十分适应多样的需求。为迎合不同学习习惯的学习者,CALL 提出了多样的学习路径,这些路径涵盖了从线性到探索性学习,从有序练习到开放式的任务。这个策略既为学习者提供了多元化的选项以找到最匹配各自需要的学习方法,也激发了他们更主动和积极地投身于学习之中。通过互联网,学习者得以与世界各地的人们交流,实践各种语言,CALL 的挑战在于如何有效地整合不同模态,以及如何在技术不断演进的背景下不断调整和发展这些工具。教育者需不断探索和实践,在充分考虑教学目标和学习者特点的基础上,设计出能够使教育效果最大化的多模态 CALL 环境。模态多样性强化了 CALL 的教学能力,为学习者提供了更加丰富、有吸引力的学习环境,这无疑推动了语言教育的创新和发展。随着未来科技的进步和教育理念的更新,CALL 将继续演化并为世界各地的语言学习者提供更加多样化、个性化的学习体验。

## 6.2 多模态理论及在语言学习中的应用研究

多模态理论在语言学习中的应用研究逐渐受到关注,它为学习者提供了多种感官和认知渠道,从而促进更有效的语言习得。

### 6.2.1 关于多模态理论

语言构成了人类交流的核心符号系统。法国著名的文学理论家、哲学家以及符号学专家罗兰·巴特(Barthes)是最初对多模态话语进行深入分析的学者之一。巴特(1977)深入讨论了图像如何承载并传达含义,以及如何对观众产生影响。作为一个复杂的符号系统,图像通过不同层面的符号组合沟通信息和作用于其观众。文章探究了文字如何与图像相辅相成,辅助观众的理解和诠释,为理解广告、艺术、媒体以及我们日常生活中的视觉文化打开了新的理论视角,并从符号学的视角分析了图像的意义与说话互为作用。这项工作为图像与语言在交流中生成意义的互动关系奠定了多模态话语分析理论发展的基础。韩礼德和哈桑(Halliday and Hasan,1985)认为语境和文化是一套符号系统，一套意义系统，所有这些系统都是相互关联的，并将语言视为共同构成文化的众多符号资源（如图像、手势、声音）中的一种。社会符号学的方法论基于一个核心假设，即一个文本的交流功能来自系统网络中的特定选择，这个网络按照这些资源在社会功能服务中的角色进行构建。

克雷斯与列文（Kress and Leeuwen，1996）开创性地论述了交流是一个多模态的过程，包含了视觉、听觉、语言等多种渠道的互动，他们使用系统功能语言学的方法来探讨这一现象。作为多模态话语分析领域的领军人物，英国学者克雷斯与列文强调，人们在交流中不单靠语言传递信息，同样重视使用其他模态（如图像、音乐、肢体语言、空间布局等）来创造意义。这些不同的模态不是单独操作的，而是彼此影响，共同参与到意义的构建中去。在《多模态话语》（Multimodal Discourse）一书中，克雷斯与列文（2001）构建了一个多模态交流的分析工具，用以审视不同模态是如何一起工作的。他们认为，每一种模态都有自己的语法，就像语言有语法一样，每一种模态的使用都遵循着社会文化的规则和约定。他们的理论强调了语义潜力——不同模态在构建意义时的潜在能力和限制。例如，视觉图像可以在不需要详细解释的情况下快速传达情感或者环境气氛，而文字则能提供更精确和细节丰富的解释。该理论也详细分析了视觉模态下布局、颜色、视角、光线等元素是如何创建某种意义，并如何影响观者的解读。随着数字技术的发展，多模态话语已经变得越来越重要；图像、视频、动画、声音以及互动界面等在我们的沟通中占据了前所未有的地位。

国内对于多模态的研究中，朱永生（2007）细致地讲述了多模态话语的根源、定义以及相关方法和内容，对多模态理论作了较为系统的阐释。他提出，多模态的形成与人类的五种感知能力——视觉、听觉、嗅觉、味觉、触觉息息相关，并指出这些感官体验分别催生了视觉、听觉、嗅觉、味觉、触觉这五种不同的交流模态。国内学者如胡壮麟与朱永生等人亦强调了在多模态话语分析中，研究者应重视语言之外的其他符号系统，例如图形、标志、肢体动作以及其他形式的表达，并评价这些符号在教学过程中创建的意义、作用和影响。他们认为现代学习场景是多模态的，并提议通过采用多模态话语分析增进学生的深入理解。在这种观点下，他们建议教师在设计课程时，应细致考虑所使用的各种模态以及它们相互之间的互动。教师通过对教学中多模态交流的彻底分析，能够更加高效地构建课程，从而带来更丰富的学习效果。

顾曰国（2007）通过建立数据模型、假设设定以及案例说明等手段，明确了多媒体教学与多模态教学两个概念的区别。同一时期，胡壮麟在研究多模态与多媒体符号学的不同之处后，提出了一种既具有多模态特点又具有多媒体特质的计算机符号学方法。张德禄（2009）就多模态话语分析理论的建构进行了广泛的探讨，将文化、意义、语境、媒介和形式等五个层面作为分析框架，并阐述了不同模态之间的相互作用关系。张德禄（2018）基于他早期的工作，通过案例分析拓展了多模态话语分析理论，提出了新的理论模型，这为研究提供了重要的指导。

### 6.2.2 多模态理论在语言学习中的应用研究

信息与传播技术（ICT）为教育界开辟了创设丰富教学场景的可能性。互联网提供了大量信息和学习资源，多媒体元素则进一步加强了这些学习环境的吸引力。多模态在语言教学中涉及利用多媒体和ICT去构建活跃的学习资料，目的是针对不同的感官体验和学习风格来激发学习者的兴趣。例如，在多模态语言学习中，模拟活动、互动图表、图片、视频和音频等教学资源共同作用于学习者，增添了交互式测试和字谜游戏以及链接等元素。所有这些丰富的教学工具赋予了学习材料新的多样性，允许重点概念以多种模式展现。例如，在线词典不仅能提供词义的文字描述，还能提供词语的发音和相关图像，这些元素共同促进词汇学习。这类多模态教学策略能够使学习变得更加易于接受，提升学习者的关注度，并有益于提高学习效果。

新伦敦小组（New London Group，1996）提出的理念强调运用多种感官来共同促进语言学习的过程。这种理念被视为话语理论和语言教学结合的首个实例。该小组提倡教育不仅仅依赖于书写文字，而是应该涵盖各类符号系统和多样的文本种类。他们也推动了一个以批判性思维为核心的教学框架，目的在于培养学生分析和阐释不同文本背后的社会与文化意义的能力。此外，该理论鼓励学生对自身学习过程的元认知能力进行培育，反思和分析他们的学习进程；同时强调学习过程中学生作为能动的知识构建者的角色，不断地构建和重构他们所获得的知识与信息。在学术界，该理念被普遍认同为一个关键性的创新。

  语言不仅是一种认知现象，是个人大脑的产物，从根本上说它也是一种社会现象，为了不同的交际目的，在各种语境中通过互动方式习得的，而多模态成为重新构建一个模拟自然环境的绝佳手段。在这个环境中，教师和第二语言学习者之间的互动可以结合使用动画（视觉和动作）和叙述等多种模式，为培养交际能力提供多种情境。斯坦（Stein，2000）提出，教学活动中的交流行为均应视为采用多模态教学方法，同时强调了学习环境作为教学与评价的一个关键元素。多模态教学能让学习活动通过多种感官模式呈现，有助于加深学生的知识领悟。随着技术的应用，语言教学变得更具时效性和相关性，为课程引入了新的观念与创意，提升了教育质量，增添了教育项目的多样性。ICT 的广泛运用彻底转变了传授知识、学习及评估的传统方式。例如，ICT 的采纳与融合可以促进以学生为中心的教学法的实施，从而支持构建主义课程设计的发展。梅耶尔和莫雷诺（Mayer and Moreno，2007）进一步认为，多模态学习环境采用多种表现形式呈现课程内容，包括语言性和非语言性的元素，以及动态的视觉呈现方式。这些多样的展现手段针对不同的感官模式，如视觉和听觉，吸引学习者参与。

  朱维特（Jewitt，2006）提出了一个观点，即随着现代技术的进步，应当将多媒体技术融入多模态教学实践中。他仔细区分了模态、模式和多模态文本之间的差异，指出多模态文本通过至少两种模态的结合来传递信息，文本内的不同意义或象征性系统之间存在着错综复杂的关联。关联的复杂程度与所包含的模态种类成正比。朱维特强调运用多模态识字法的重要性。进一步地，朱维特探讨了多模态理论与当代数字媒体技术在课堂上的应用关系。他认为课堂教学不仅仅是语言和文字，还包括图画、立体空间、手势、动作和音乐等多种模态的整合使用。同时，他探究了在语言教学中使用互动白板的时间节奏和设计准则，这为多模态理论在语言教育领域的应用带来了更深入的研究。鲍德里和蒂伯（Baldry and Thibault，2006）提出了在多模态教学中的实际应用和研究技术，包括结合图像和文本、绘画和口头表达等方法。他们提倡在外语教学领域中积极运用多媒体和多模态的资源以支持教学过程。在多模态语言教学实践中，所授课程内容往往决定了采用哪种模态符号资源。辛克莱和库特哈德（Sinclair and Coulthard，1975）在他们的工作中提出了一种层级化的课堂互动模型，此模型将互动分为教授、交易、沟通、动作四个不同的层次。在这个架构下，他们分类了课堂上的各种交流方式，从具体的教育活动到广泛的教学段落。通过分析教师提问、学生回复以及教师的反馈，此模型强调了交流中的动态互动性和结构性，助力于分析和理解教和学生之间在教学过程中的交流模式。这个模型透露出教学活动的内在规律和变化，并且有助于改善课堂教学的策略和方法。

我国早期致力于探索多模态与教学相结合研究的领军人物包括顾曰国和胡壮麟。在2007年，顾曰国与朱永生各自对外语教学与多模态之间的联系进行了研究。顾曰国在其作品《多媒体、多模态学习剖析》中强调，多模态教学是指在教育活动中结合和应用媒介来同步动态资源（例如，言语、表情、姿态、声音和动作）与静态资源（比如，脸型、身材、头发样式等）。张德禄（2009）在其发表的《多模态话语理论与媒体技术在外语教学中的应用》一文中主张，外语教学应当把媒体技术和多模态话语分析理论结合起来，为教学的具体实现和实践活动提供了实质性的指导。胡永近（2014）在《基于多模态理论的英语听力教学效能研究》中，基于多模态话语分析理论，调查了不同模态地结合在英语听力教学中提升学习效果的作用，并考察了可能干扰多模态优化结合的各种因素。曾庆敏（2011）《多模态视听说教学模式对听说能力发展的有效性研究》对大学环境下视听说课程引入多模态教学法的成效进行了评估。研究成果表明，该教学模式显著提升了学习者的听力理解和语言应用能力，并增强了学习者对学习的主动性和积极性。

## 实例展示

以下介绍几个实例，以展示多模态在不同应用场景中的实际效果。

实例一：分组实验，考察多模态对第二语言理解的影响

多模态对于计算机辅助语言学习至关重要，为学习提供了强有力的辅助。克雷斯与列文（1996）认为视觉与语言媒介并非只是传达相同内容的不同手段。多模态学习不只是通过不同形式获取信息，还包括在不同的信息表现形式之间建立交互性。因此，CALL提供了多种途径以帮助学习者发展

他们的理解力，使他们能够通过与现实生活中的多模态表现形式的互动经验融合这些学习途径。另外，学习者利用多模态能够控制学习的节奏，以确保能充分理解语言材料。学习者可以通过暂停以及快进和后退功能控制信息的呈现，这样就不再受制于口语的连续性；还可以选择或结合不同的格式（如声音、图像、文本）接收相同信息；使用题头、字幕（部分或完整）、思维导图或在线字典等工具增强理解。这些示例说明了教学系统如何融合多种技术手段、媒体材料、展示方式，并辅以传统课堂教学方法。

鉴于以上多模态学习的特点，进行了一项实验，以探究在CALL环境中多模态对第二语言理解能力的作用。

实验设计：

素材：一篇长度2分钟的NHK新闻报道，内容如下：

日本明星福山雅治盛装出席在日本长崎市举办的中国文化活动。在与中国有着悠久贸易历史的长崎市，为迎接农历新年，举行"长崎灯笼节"。在冬季长崎街头点缀着中国灯笼的"长崎灯笼节"上，来自当地的福山雅治担任皇帝角色举行了"皇帝游行"，乘坐神轿沿着长崎市中心约1.3千米的路线缓慢前进，沿途聚集了大批民众。今年的"长崎灯笼节"是时隔4年举办的，活动将持续16天。

实验将学生（中级日语水平）分为三组，每组10人，第一组只听声音，第二组听声音同时看图像，第三组听声音同时看图像和字幕，要求学生最后用日语将新闻摘要书面呈现。

程序：每组10名学生在不同场所接受原始材料，三组的程序相同。首先是向学生说明实验目标；其次是第一次听/看新闻材料；再次是第二次听/看新闻材料，两次均允许做笔记；最后是留出15分钟让学生撰写摘要。

其结果我们看到：第一组学生（仅音频）平均理解了约45.3%的内容；第二组学生（音频加视频图像）因为可以获得视觉输入，平均理解了约57.6%的内容；第三组学生（音频加视频图像加文本）平均理解了约76.4%的内容。实验结果表明，学习的多模态能够提高理解能力。

实例总结与分析：巴尔托娃（Baltova, 1999）认为，语言学习中使用视频，在声音之外增加图像有助于设置事件的场景，它能更逼真地再现现实生活中面对面的经历，并提供额外的信息来源，如说话者的肢体语言或身体动作。视觉元素可以促使学习者更专注于当前的对话，这是单纯的听觉输入往往无法实现的。但多模态输入也可以分散注意力，尤其当信息出现不一致时，因此学习者有必要以建设性的方式引导注意力。

另外，关于字幕，当前流行的做法是在视频素材中嵌入字幕，这种做法被认为对学习者有好处，因为它们提供了一个检验含糊概念和词汇的途径，且将文本与视觉结合起来可以加深理解。尽管如此，运用字幕作为教学工具实际上偏离了真实的语言交流场景，毕竟日常对话中并不存在字幕提示。此外，阅读字幕为理解过程增添了额外步骤，并可能导致分散学习者的注意力，尤其是在需要同时处理视觉和听觉信息的复杂任务中，这可能触发所谓的"分裂注意效应"，进而阻碍学习成效。因此，当学习涉及同时处理来自多个来源的信息时，教学设计者需要首先考虑与注意力管理相关的挑战。设计计算机辅助的语言学习材料时，应仔细权衡和制定出适当的策略。例如，在选取教学用视频资源时，要认真考虑其语音的速度、时长，以及视觉内容是否与听觉内容相匹配等元素，以降低对学习者注意力的分散。

无论如何，计算机辅助语言学习的多模态对第二语言理解的影响是巨大的，如何利用和发挥不同媒介的潜力，是语言学习研究持续关注的话题。

实例二：通过视频会议进行在线语言学习过程中的多模态

随着互联网技术的发展和在线工具的普及，视频会议已经成为语言学习的一种重要形式，教师和学习者在在线学习中需要运用和整合多种模态。

下面以学习《标准日本语》中"京都の紅葉は有名です"（京都的红叶很有名）一课为例，考察通过视频会议进行在线语言学习过程中的多模态应用。

活动名称："探索京都"多模态在线体验课。

平台：腾讯会议。

活动介绍：在这堂课中，通过多模态方法——利用视频、音频和文字，深入学习课文"京都的红叶很有名"。学生通过视觉和听觉材料提高语言理解能力，并通过交互式活动加强语言应用技巧。

课前准备：教师准备京都红叶和奈良的相关图片和视频，确保内容与课文相关。在平台上传原文和解释，以及相关的语音录音，以帮助学生准确把握发音和语调。

课堂流程：

引言与激发兴趣（5分钟）：教师展示京都红叶的视频，用缓慢、清晰的日语进行讲解，以吸引学生的注意力并设置课堂语境。

词汇与句型（20分钟）：播放生词录音，让学生跟读并独立读，教师展示PPT，讲解每个生词的意思和用法，给出例句进行扩展练习。通过共享的多媒体课件，解释课文中重要的词汇和句型结构。学生看图说话，描述图片中的场景，运用课文中的词汇和句型。

课文学习（25分钟）：先让学生听一遍课文录音，听取主要内容。教师通过腾讯会议共享屏幕，显示课文内容并利用PPT逐句讲解。再次播放课文录音，利用暂停键控制节奏，让学生逐句跟读。展示与句子相关的图片和课文视频，如学到"京都の紅葉は有名です"一句时展示京都秋季的红叶美景。

角色扮演（10分钟）：学生分组进行角色扮演活动，描述自己是京都或奈良的游客，使用课文句型交流体验。

总结与问答（5分钟）：教师总结今天课上学到的内容，回答学生的疑问。

课后任务：学生通过文字或制作一个小视频，介绍一个他们喜欢的日本城市或名胜，并尝试使用课堂上学到的句型。

实例总结与分析：通过以上活动，学生能够在一个多模态交互环境中，更好地体验和学习日语。在视频会议环境中，学习本课时利用了以下视觉、听觉和语言等模态进行互动：

①视觉模态：教师在会议中使用多媒体教学工具如PPT、教学视频来展示课程内容和概念。通过可视的示例和图解，学生更直观地理解抽象的语言结构或新词汇。学生通过文字、图片、视频展示自己的作业。师生在会议中通过摄像设备进行面部表情和肢体语言的交流，以进一步加深理解和提高学习参与度，同时传递情感和态度，补充言语信息，增加沟通的丰富性和深度。

②听觉模态：利用音频元素，如语音讲解、听力练习等，教师可以增强学习者对语言节奏、语调和发音的听辨能力。利用在线会议平台的即时语音通信功能，教师和学习者进行实时对话。

③语言模态：传统的言语交流在在线学习环境中仍然是核心，比如通过对话、讨论等。文本聊天工具提供另外一种语言互动方式，用来辅助口头表达或作为主要的沟通渠道。

在视频会议中，这三种模态常常是交织在一起的。教师在讲解一个语法点时，边说边在屏幕上展示相应的图像或示例句子。这样的同步多模态输入帮助学习者从多个角度理解信息。学习者之间的小组活动也可以结合这些模态，通过分组讨论（语言模态）、共享屏幕（视觉模态）和通过耳机进行对话（听觉模态）。多模态技术还能够进行视频在线的实时反馈和互动。教师用问答或实时打分评估学生的理解情况，并及时纠错。学生当堂提出问题或参与到课堂活动中。

在线教育的快速发展，尤其是视频会议技术的运用，已经极大地拓展了语言学习的边界。通过集成视觉、听觉和语言等多模态手段，视频会议平台提供了一个丰富的互动环境。然而，多模态环境同时也带来了一系列的挑战和弊端，具体内容如下：

①尽管视频会议支持了丰富的教学模态，但其在技术、教学实施以及学生参与度等方面的问题不容忽视。

②技术问题是在线多模态学习面临的主要挑战之一。网络连接的不稳定性可能导致视频和音频的延迟，影响教学质量和学习效率。此外，学习者需要具备一定的技术操作能力，缺乏技术支持或者必要的硬件设备亦可能阻碍学习过程。

③多模态学习环境常常意味着更多的信息输入，这可能会导致认知负荷增加，尤其是在不同模态交互融合不够时。此外，学生可能会因为不同时关注多个信息源而感到不知所措，降低学习效果。

④学生参与和互动的挑战与面对面的教室相比，视频会议可能会限制学生的参与感和互动性。视觉接触的缺失、非言语信号的限制以及学生可能的自我隔离感，都有可能影响学生的参与度。此外，群体互动在视频会议中的质量也可能受到影响。

⑤跨文化交流障碍多模态视频会议中，缺乏身体语言和文化语境的直观感知可能导致对话中的微妙文化差异被忽略，进而造成跨文化交流障碍。

⑥对教师的适应性和专业发展提出更高要求。高效地管理多模态教学环

境需要额外的知识和技能。教师不仅要充分利用技术手段，还要适应其带来的教学模式变革，这对于教师的专业发展是一种挑战。

尽管视频会议平台在在线语言学习方面提供了丰富的多模态工具，其潜在弊端是不容忽视的。针对上述这些问题，学校和教育机构需要提供相应的技术培训，以帮助教师和学生克服这些挑战。此外，教育研究者应该继续探索在视频会议平台上进行高效互动的最佳实践，以最大限度地提高在线多模态语言学习的质量和效果。

## 6.3 结论及启示

计算机辅助语言学习的模态多样性通过提供视听和动态互动的学习资源，在帮助学习者内化语言知识、提高语言运用能力方面发挥了显著作用。这已经成为增强语言学习体验的热门话题。为了最大限度地利用这些优势，语言教育者需要在课程设计和实施中更加重视模态的融合和应用。教育者应根据学习内容和目标，选择和组合合适的模态手段，例如在教授新词时，结合图片、真实语境的视频和互动式练习可以大大提高学习效果。还应鼓励学习者按照自己的学习风格主动选择并利用模态资源，通过自主探索和实践，让他们能够更有效地构建和加固语言知识网络。另外，教育政策制定者和技术开发者应当密切配合，以创新技术支持教育的需要，不断完善 CALL 的模态多样性。这不仅需要技术上的提升，还需要对于教学法和学习策略的持续研究与更新。

同时，培养学习者和教师的多模态能力是至关重要的。学习者要超越个人的模式习惯和偏好，这样他们才能同时使用两种或多种模式来表达意义。此外，他们还需要掌握对不同模式的批判性使用。不仅需要熟练切换语言代码，还需要熟练切换符号模式。此外，他们还需要掌握一系列新代码的技能。学习者也需要发展心理认知技能。事实上，在多模态 CMC 语言学习空间中使用不熟悉的工具可能会对某些学习者产生强烈的情感要求，从而可能影响学习过程。这可能导致学习动力不足，以及计算机或语言焦虑和认知超载。学习者还必须发展社会文化技能，以便在虚拟多模态学习空间进行交流时能够应对文化间差异。另外，培养教师的多模态能力，他们必须学会使用最适合学习情景的交流工具（论坛、博客、视频会议设施等），并用最适当的模式（文字、听觉和/或视觉交流、同步和/或异步）管理随之而来的互动。在任务设计方面，教师应掌握必要的技能，掌握从一种模式到多种模式的组合；从静态媒体到动态媒体，再到互动媒体；控制模式的使用；熟悉文化代码。

  虽然模态多样性在 CALL 中显示出巨大潜力，但如何评估不同模态对学习者的具体影响，以及如何在不同教学语境中有效整合模态，仍需要更多的实证研究支持。未来研究可专注于多模态学习环境中的个性化学习路径、模态效益的评估标准，以及技术与教学实践的协同进步。

# 7 CALL 技术的多样性

## 7.1 概述

随着信息时代的飞速发展，计算机辅助语言学习的技术不断更新，特别是人工智能的引入，更是丰富了技术的多样性。CALL 技术的多样性涉及使用计算机和相关技术、工具以支持和增强语言学习，促进有效学习，其范畴覆盖至传统的课堂教学、在线学习平台、虚拟实验、游戏化学习等多种形式。本章将深入探讨如何通过融合多种教育工具来应对学生各异的需求和学习方式，进而提升学习的灵活性和适应性。此外，这些技术还能够在学校、语言学习中心以及在线教学平台上，创造出一系列多元化、个性化、内容丰富且趣味横生的学习环境，这对于加强学生的语言能力和对文化的理解非常有益。在挑选和设计这些技术产品时，教育工作者应当基于学生的实际需求和学习目标合理使用这些资源，以便更有效地促进语言的学习和掌握。

常见的 CALL 技术有语音识别技术、语法和拼写检查工具、虚拟语言实验室、在线学习平台、自适应学习系统、机器翻译、虚拟现实（VR）和增强现实、电子书和多媒体教材、社交媒体和在线社区、游戏化学习、移动学习等，还有近年的突破性新技术——聊天机器人也开始应用于语言学习领域。这些分类方式并不是孤立的，通常一个学习技术涵盖多个方面。有效的计算机辅助语言学习通常是综合运用多种技术，以满足学生的多样化学习需求。在后续的章节中将描述每一项技术类型，提供一些与语言教学服务目标相关联的范例，以及语言教师获得上述技术后的应用趋势。

## 7.2 CALL 技术多样性的主要问题

CALL 技术可谓多种多样，运用时不可避免地有交叉重叠，而技术的分类应反映技术发展背后的最初意图。

### 7.2.1 CALL 技术多样性的表现形式

CALL 技术的多样性表现在多个方面，包括不同的工具、应用和方法来支持语言学习的各个方面。

#### 7.2.1.1 语音识别技术

语音识别系统在 CALL 中的应用，通常以交互式软件的形式存在。例如，学习者在完成口语练习时，系统能够实时捕捉其发声，随后快速比对该声音与目标语言的标准发音，这意味着学习者可以即时收到关于他们发音的反馈，并据此调整发音方式。此外，先进的语音识别技术还可以在多模式交互中得到应用，如语音识别系统可能与文字互动功能相结合，如此一来，学习者不仅听到准确的发音，也能同步看到文字表述，加深理解和记忆。在实际运用中，如一款应用程序可让学习者模仿标准发音，并立刻获得系统对其口语输入的正确性和自然度的评估。系统提供的评估可能包括发音准确性、语调、节奏和流畅度等多个维度。一些高级的语音识别系统，还可依据个别学习者的发音特点，提供个性化的改进建议，进一步细化教学效果。许多语音识别系统集成了进阶学习模块，如模拟对话场景，使学习者能够在更真实、更具互动性的环境中练习。学习者不仅仅是单方面的发音练习，而是在一个预定情景中与系统交流，从而锻炼了应对日常沟通的能力。学习者在任何时间、任何地点皆可使用语音识别技术进行自主学习，无须依赖教师的实时指导，这种灵活性使得学习过程更为便捷。在语言学习过程中，语音识别与其他多模态学习工具结合，如图像、文字和视频，提供更全面的语言学习体验。

下面再重点介绍一下语音识别技术强大的学习材料库。这些材料库充当着语言学习过程中的核心资源集，它们通常由一组广泛的教育内容组成，旨在通过结合语音识别技术提高学习效果。其内容不仅包括基础的语音练习，而且涵盖了从基础到高级水平的多方面练习，确保学习者能在各个层面得到提高。其中，按传统分法，学习材料库中包括的内容可以简化为词汇、语法、发音和实际会话等几个维度。学习者首先接触到的往往是一系列标准化的词汇和语句，它们充当了发音练习的基石。通过不断的重复和模拟，学习者能够逐渐掌握目标语言的音素和音调。进一步而言，有关的语法和词汇练习将会确保在口语表述中准确无误地运用语言规则。不得不提的是，这些材料库中还包括了大量与文化相关的真实语言资料。比如，电影对白、歌词甚至是广播新闻内容，这些自然而然地把学习者置于一个更加真实的语言使用环境中。通过与这样的材料互动，学习者不仅提高了语言能力，还加深了对语言文化背景的理解。

结合语音识别技术，学习材料库的这一切组织结构，目标就是要创建一条流畅的学习路线，让学习者能够步步为营，从初级发音练习过渡到能流利进行复杂对话的阶段。这个过程中，系统会根据学习者的进度和反应不断调整材料的难度和类型，实现个性化学习体验。尽管语音识别技术的结合极大地丰富了 CALL 的实践和理论研究，但这一领域的探索并非没有挑战。不同个体的声音特点、背景噪声以及方言的多样性，都可能影响到语音识别系统的准确性。而且，对于初学者而言，他们的发音往往与标准发音存在较大差异，这增加了语音识别技术在准确性上的要求。

#### 7.2.1.2 语法和拼写检查工具

CALL 的语法和拼写检查工具帮助用户在书写和语法使用方面更准确、更规范，帮助他们改善语法和拼写技能。拼写检查工具用于检测文本中的拼写错误。它们包括一个词库，与用户输入的文本进行比对。如果发现拼写错误，工具会提供建议的正确拼写。这些工具还可能考虑上下文来提高准确性。语法检查工具旨在检测和纠正语法错误，如错误的句法结构、动词时态不一致等。这些工具使用语法规则和模型来分析文本，并指出可能存在的语法问题。一些高级工具可能还提供有关如何修复这些错误的建议。

自然语言处理（NLP）是一种涵盖语法和拼写检查的更广泛技术。NLP 技术涉及理解和处理自然语言，使计算机能够识别文本中的语法结构和语言规则，这可以用于开发更智能和复杂的语法和拼写检查工具。随着机器学习研究的发展，一些现代的语法和拼写检查工具采用机器学习技术，通过大量文本数据进行训练，从而更好地理解语言的语法规则和常见用法。该技术还可能考虑上下文来提高准确性，例如它们可以分析句子的结构和意义，以便更好地理解和纠正错误，并提供更有针对性的建议。检查工具通常提供实时反馈，使学习者能够在写作过程中及时发现错误，避免反复，节省了精力，做到了更高效。

#### 7.2.1.3 虚拟语言实验室

在 CALL 这一领域中，虚拟语言实验室的应用是近年来引人注目的发展之一。在传统的语言教学方法与现代技术手段相交融的当下，虚拟语言实验室作为一种创新型教育工具，逐渐成为改变语言学习方式的重要力量。虚拟语言实验室通常基于网络平台，创造一个仿真的语言学习环境，其中整合了多种多媒体资源如视频、音频和互动图像等，以及模拟实验工具和互动的学习机会。这些特点使得实验室可以很好地模拟真实的语言应用环境，并为学习者提供丰富的听、说、读、写的实践机会。通过人工智能和复杂的算法，虚拟角色能与学习者进行互动，为其提供近乎真实的沟通体验。

在这些实验室中，学习者可参与语言练习，如语法、词汇建构、听力训练、口语练习等，并通过模拟对话深化其语言技能。语音识别等技术的应用使得虚拟语言实验室在口语练习方面所发挥的作用尤为突出，它允许学习者通过与虚拟角色的交流来练习和提高口语能力，系统能够即时反馈学习者的发音和语言使用情况，极大地提升了语言学习的互动性和实效性。更为先进的虚拟语言实验室采用了沉浸式学习环境，如虚拟现实技术，可模拟更加真实的语言应用场景。这种沉浸式体验对于语言学习者来说尤为重要，因为它模拟了实际的语言使用情境，让学习者可以在无压力的环境下掌握语言，同时促进了跨文化意识的发展。

从教育研究的角度来看，虚拟语言实验室在 CALL 中的应用，不仅增强了教学的灵活性和可达性，降低了语言学习的时空限制，也提供了更加个性化的学习路径。随着学习者与虚拟环境的互动，系统逐渐收集和分析个人的学习数据，从而提供更精准的学习建议和课程调整。虚拟语言实验室在CALL 的实践中不断展现其独特的优势，它不仅改善了外语教学的质量，也拓宽了语言教育的可能性，被看作是未来语言教育和学习方式的一大趋势。

随着技术的不断进步，我们有理由相信，这些虚拟平台将以更多样的形式，进一步深化和丰富 CALL 领域的研究与实践。

#### 7.2.1.4　在线学习平台

CALL 的在线平台结合了教育和技术，通过强大的服务器集群为语言教学开拓了新天地。云端提供的学习资源可以跨地点、跨设备使用，打破了学生和教师仅限于传统教室的束缚。基于云计算的理念，这不仅仅包括广受欢迎的搜索引擎和电子邮件服务，也涵盖社交媒体、资源共享工具、在线社群构建工具、协作讨论平台以及学习管理系统和在线教育服务等。

CALL 的重要手段是分享，其不仅有内容分享还有软件分享，普林斯基（Prensky，2001）认为，与老一代的教师相比，年轻的一代更乐于通过在线网络交流、社交以及分享文档，而现有的工具保障了分享的实现。我们能够通过建立在线社群的网页链接进行互动，通过共享文件、图片和超链接来交流信息。教师可以运用数据库存储学生的联系资料、学习进度和成绩等信息，并提醒学生即将到来的任务和作业截止日期，通过这种资源分享的方式为学习者创造一个真实的沟通环境。网络应用通过视听资源丰富了学习体验，让使用者得以和全球的同行进行交流。例如，通过网络可以访问大量的视频剪辑材料，这些材料学习者可以用于研究、分析或模拟的目的。同时，教师可以上传定制的视频课程来解释教学内容。学生也可以提交作业，而教师则通过网络平台对学生的学习成果进行点评和指导。此外，有的网站提供了语言学习管理系统和内容创作工具，并包含了支持学生自我学习的辅导材料。比如，在国内的一些平台，就拥有这样的功能。

网易云课堂：网易云课堂提供了范围广泛的在线课程，包括语言学习。它允许教师创建课程内容，并提供了一个平台给学生，学生可以查资料、看视频和接受自学辅导。超星学习通：超星学习通是一个涵盖多种科目的学习管理系统，也包括语言学习课程。平台提供课件上传、作业布置等教育者工具，并配有学习社区和自学素材库供学生使用。学堂在线：这是一个大型在线学习平台，提供了丰富的学习资源和课程。它允许教育者创建和管理课程内容，并为学生提供了自学的辅导资源，包括讲座视频、练习题和讨论板。

另外，近年来在线会议成为一种常见的重要教学、学术活动方式，尤其是疫情期间，在线会议保障了语言教学的正常持续进行，其效果得到了进一步的考验和认可。会议通常通过在线平台、视频会议工具或专用的虚拟会议室进行，这些平台提供了实时音视频通信、屏幕共享、文本群聊和其他协作工具，使用白板来展示图像、绘图、注解、分享文档以及记录会议论坛场次。近几年在我国广为应用的腾讯会议作为一个高效的线上视频会议系统，为语言学习提供了灵活而便捷的交流环境。语言教师创建虚拟课堂，组织在线交流活动，并进行即时反馈。其群聊和私聊功能，促进了学生之间的互动和合作。学生可以在群聊中讨论问题，而私聊则提供了与教师进行一对一沟通的机会。利用腾讯会议的录制功能，教师可以录制整个课程或重要片段，供学生在后期回顾。

在线会议平台对语言教育产生了深远的影响，其辐射面涵盖了教学方法、学习者参与度、资源获取以及教育均衡等多方面。线上平台重塑了教学与学习的界限，打造了一个无国界的学习空间。其互动功能，如投票、即时问答、分组讨论等，使学习过程互动性更强且富有参与感，学习者的参与度有了显著的提升。另外，在线会议平台打破了地理和物理空间的限制，提供高效的资源共享和交流，资源获取的范围被极大地扩展。它为偏远或资源贫乏地区的学习者提供了更好的语言教育机会，通过网络教学，教育资源得以更公平地分配给每一个角落，提高了整个社会的教育水平。随着越来越多的教育机构和语言学习者使用这些平台，我们可以预期，它将继续在全球范围内重塑语言学习的生态。但同时在线学习平台也带来一些挑战，包括技术问题、网络延迟等可能影响交流的流畅性，而教师也需要培养熟练使用这些工具的能力。此外，面对面交流的缺失在某种程度上还是一大挑战，尽管在线学习平台提供了一个替代方案，线下互动的非言语线索和即时反应仍然是在线平台难以完全再现的。

### 7.2.1.5 自适应学习系统

自适应学习系统在 CALL 中的应用，代表了教育技术领域中一项重要的进步，它通过对学习者特征的个性化识别和学习内容的动态调整，实现了教学策略的个性化和优化。自适应学习系统建立在对学习者知识水平、学习习惯、认知能力等方面的精确评估之上，通过算法来实现学习路径的自我调整。系统依赖于对学习者行为的实时追踪和数据的分析。这些数据包括学习者的答题准确性、完成任务所需时间、选择的学习资源以及学习路径等。基于这些信息，系统能够绘制出每位学习者的知识地图和学习轮廓。此外，自适应系统也会考察学习者的长期进展，包括知识点的掌握程度和记忆曲线，从而为每位学习者量身定制未来的学习计划。

随着自然语言处理技术的发展，自适应学习系统已经能够更准确地理解学习者在语言生成和理解方面的能力，并据此调整教学材料的难度和类别。系统会分析学习者在阅读、写作、听力和口语等语言技能上的表现，并根据这些表现来推荐个性化的学习活动，例如互动练习、模拟对话或基于角色的游戏。此外，系统的算法会考虑到情感因素，如学习者的动机、情绪状态和偏好，这些对于学习效果同样至关重要。例如，如果系统监测到学习者在面对特定的学习材料时感到沮丧或疲惫，它可能会暂时提供不同类型的活动以刺激兴趣，或是给出更多鼓励以提振学习者的情绪。自适应学习系统在优化教学策略方面也表现出卓越的能力。通过详尽的数据分析，系统可以发现最有效的教学方法，并将这些最佳实践逐步集成到教学过程中。随着每个学习者数据的积累，系统将持续自我完善，并在此过程中优化教学策略。

自适应学习系统在 CALL 中的应用还激发了教师们对于教学方式的再思考。与传统的一致性教学相比，自适应系统促进了教师从"一对多"的教学向"一对一"辅导的角色转变，使得教学更为关注每位学习者的具体需求。这一转变允许教师有更多的时间去关注那些需要特别帮助的学习者，同时也确保了资源的合理分配。

#### 7.2.1.6 机器翻译

机器翻译在 CALL 领域中的应用，成为缩小语言障碍和提高学习效率的一个重要工具。机器翻译技术，特别是神经网络翻译（NMT）的快速发展，极大地促进了语言学习资源的拓展和学习方式的创新。机器翻译不仅可以减少语言学习者在获取资讯时的语言障碍，还可以通过即时反馈机制帮助学习者纠正语法错误和提高语言准确性。

CALL 环境下，机器翻译被应用于多个层面。首先，在阅读理解的练习中，学习者通过机器翻译获得对照材料，有助于他们快速理解语篇含义，增强跨文化交流能力。其次，在写作练习中，学习者可以利用机器翻译进行初步校对，有助于发现潜在的语法问题和提升语言表达的自然性。最后，在口语交流中，实时翻译器允许学习者与不同母语的人进行无障碍沟通，这种实践不仅锻炼了学习者的听说能力，也增加了语言应用的实际情境。然而，机器翻译技术的应用在 CALL 中并非没有边界。一方面，过度依赖机器翻译可能会使学习者忽视对于语言深层次结构和文化内涵的学习。另一方面，教育者在使用机器翻译为学习者服务时，需要辅以批判性思维教学，提醒学习者注意机器翻译的局限性，例如在处理复杂语篇和细微语义上的不足。

在机器翻译技术不断进步的当下，CALL 的实践者应当审慎地评估和选择合适的翻译工具，以确保教育质量。必要时，通过添加人工编辑的环节，结合机器翻译的高效性和人类对语言细节把握的精确性，可以取得更好的教学效果。未来，随着人工智能技术的进一步发展，我们可以期望机器翻译在 CALL 领域的作用将更加凸显，帮助构建一个更为高效、互动和个性化的语言学习环境。

### 7.2.1.7 虚拟现实（VR）和增强现实（AR）

虚拟现实（VR）和增强现实（AR）作为当今前沿技术，在 CALL 领域中展现出巨大的潜力。VR 技术能够创造出全面沉浸式的学习环境。在语言学习中，VR 能够模拟出真实世界语言使用的各种场景，如商店、餐馆或国外旅行的情境。通过这种全方位沉浸的体验，学习者可以更自然地使用目标语言，因为他们感觉自己就像是在真实世界中与他人进行交流。在虚拟环境中，学习者的交流行为可以得到马上的反馈，这对于语言学习的即时修正特别有帮助。此外，VR 在提供风险自由的说话环境方面具有独特优势，学习者无须担心在真实情境中可能的社交风险。同样，AR 技术通过在现实世界中叠加数字信息来增强学习体验。与 VR 的全然虚拟不同，AR 允许学习者同时与真实世界和虚拟元素互动。例如，通过 AR 应用，一个学习者可能看到路标、菜单或任何印刷材料，系统则能即时提供译文或语言提示，从而支持学习者在实际环境中学习和使用新语言。这种情景化学习方法有助于提高语言学习的动机和记忆效果。

然而，将 VR 和 AR 技术应用在 CALL 环境中，不免遇到诸多挑战。首先，这些技术要求较高的硬件设备支持，例如 VR 头盔和特定的软件平台，这可能增加教育实践的经济成本。其次，良好的用户界面设计对于保证学习体验至关重要，一个不直观的操作界面可能会阻碍学习效率。最后，VR 和 AR 应用的内容设计需要高度专业化，它需要结合语言学习理论、互动设计和技术开发专业知识。对于教育者而言，关键在于如何有效地将 VR 和 AR 与教学大纲和课程目标融合，以确保这些技术不仅仅成为吸引眼球的工具，需要注意技术的合理整合和平衡，确保其真正服务于语言学习的目标，而不是单纯的技术应用。例如，利用 VR 和 AR 提供丰富的语境，触发使用特定的词汇和语法结构，或者创建情景任务，要求学习者在模拟环境下完成特定交流活动。

随着成本的逐渐降低，预计未来 VR 和 AR 技术将更广泛地应用于语言教学当中，并且成为 CALL 实践的重要组成部分。

### 7.2.1.8　电子书和多媒体教材

随着数字技术的进步，电子书籍已经成为语言学习资源的一个重要构成。电子书不仅仅是纸质教材的数字转化，它们通常内嵌有丰富的互动元素，如超文本链接、注释、词汇表以及内嵌的练习和测试，这些功能显著提高了学习材料的可访问性和互动性。电子书支持多种语言，为学习者提供灵活的语言学习选择，学习者可以在同一电子书中切换不同语言版本。电子书包含丰富的图片、图表和插图，以帮助学习者更好地理解课程内容，尤其对于词汇、场景描述等有助于记忆的部分。它包含嵌入的交互式元素，如链接、弹出式注释、互动练习等，通过电子书中的内置工具快速查询单词、短语的意义，并获取实时翻译，提升阅读理解能力。学习者可以在电子书中创建书签、做笔记，使他们能够方便地回顾和总结学习内容。另外，学习者可以通过云同步功能，在多个设备上同步阅读进度和标注，方便在不同设备上学习。

多媒体教材则将文本、图片、音频和视频等多种信息形式整合在一起，为语言学习者提供了更为丰富和真实的语言输入。例如，语言教学视频不仅可以提供标准的发音示范，还可以展示日常沟通场景以供模仿，同时视频中非语言的视觉线索也可以帮助学习者更好地理解和记忆新知识。此外，音频材料能够增强听力训练，而交互式练习和模拟测试的设计，使学习者能够在完成课程的同时得到积极的反馈和进度跟踪。

电子书和多媒体教材在 CALL 中的应用，不仅仅局限于内容传递。这些资源支持教育者实施差异化教学，因为它们能够根据学习者的个别需求提供个性化的学习经验。学习者可以根据自己的学习速度、兴趣和学习风格选用不同的材料，这种自主性显著增强了学习动机和效果。后续的研究和实践需要继续探索如何更好地设计和整合这些资源，以最大化它们在提高语言教育有效性和效率方面的潜力。

**7.2.1.9 社交媒体和在线社区**

社交媒体和在线社区在 CALL 中发挥着重要作用，为学习者提供了互动、合作和分享的平台。学习者可以加入语言学习群组，如 Facebook 群、微信群等，与其他学习者互动，分享学习经验、资源和问题。关注使用目标语言的微博或推特账号，获取实时的语言信息，提高对当代语言使用的了解。利用社交媒体平台进行实时聊天、语音和视频通话，与母语者或其他学习者进行语言交流，提高口语表达能力。通过社交媒体平台组织语言学习活动、挑战活动，促使学习者积极参与，提高学习的趣味性和参与度。在社交媒体上分享他们的语言学习进程、心得和成果，得到来自社交网络的支持和鼓励。

学习者还可以加入在线语言学习论坛，参与讨论、提出问题，与其他学习者和语言专家分享经验和知识。通过写博客或在在线社区分享文章的方式，练习写作和获得反馈，在在线学习平台上参与语言学习课程，参与多语言合作项目，与使用不同语言的学习者共同完成任务，提高语言技能和跨文化交流能力。找到语言交换伙伴，通过互相教授自己的母语，实现相互学习。在在线社区中分享语言学习资源，如学习笔记、词汇表、语法总结等，提高学习效率。

这些社交媒体和在线社区提供了一个开放、互动的学习环境，帮助学习者更好地融入语言学习社群，拓展语言学习的广度和深度。

**7.2.1.10 游戏化学习**

CALL 的游戏化学习是一种结合游戏元素和语言学习的方法，旨在提高学生的兴趣、参与度和学习效果。游戏化学习指的是将游戏设计元素和原理应用到非游戏环境中，特别是教育领域。通过运用积分、排行榜、虚拟奖励、成就系统和故事情节等游戏化元素，教育过程变得更加富有吸引力和动态性。在 CALL 中，游戏化不仅包括了专门为语言学习目的而设计的教育游戏，也包含了在传统教学活动中加入游戏化设计的策略。

研究表明，游戏化能够显著提高学习者的参与度和激励水平。学习语言的过程有时可能会枯燥和重复，但当这个过程以游戏的形式进行时，学习者将在享受乐趣的同时自然而然地吸收语言知识。游戏化环境中的即时反馈机制对于支持学习者的自主学习也非常关键，因为它们可以立即了解到自己的进度和需要改进的地方。在 CALL 环境下，多种类型的游戏化学习应用已经被开发和实现。从简单的单词记忆游戏到复杂的角色扮演和模拟游戏，从改造传统练习如填空题和选择题变为更具挑战性的游戏关卡，到将整个语言课程设计成一系列逐渐解锁的任务，游戏化学习为各个语言技能的提升都提供了途径。

应用游戏化学习应保持教育内容的质量和深度，确保游戏化活动和学习目标的一致性，避免学习者对游戏化元素的过度依赖。为了实现游戏化学习的有效性，教育者需要确保游戏活动不仅仅是吸引学习者的新鲜事物，而是真正支撑起语言学习的实质内容和语言实践。

### 7.2.1.11 移动学习

随着信息技术的飞速发展，移动设备正逐渐为学习者所用，并改变着学生的学习方式。学生的学习不再受时间和地点的局限，除了在课堂上学习语言知识外，还利用互联网和移动设备在课后进行学习。这种利用移动技术进行语言学习的方式被称为移动辅助语言学习（Mobile-Assisted Language Learning，MALL），MALL 是指通过移动工具如智能手机和平板等设备来辅助语言学习的实践。借助于专为语言教学设计的移动应用程序，这类应用以其易用的界面、强大的交互功能和为用户量身定制的学习路线为特色。移动设备提供的教育内容为学习者带来了一种灵活的学习资源，同时有助于他们更好地管理学习时间并激发学习的积极性。

在讨论移动学习的定义时，不同的学者持有多种不同观点。沙普尔斯（Sharples，2009）重视移动学习的"多场合性"，并认为移动学习涵盖了通过移动设备在任何地点，不论是否在正规教育情景下，进行的学习行为。何芳等（2018）的看法是，移动学习指的是学习者在任何需要的时刻和地点，通过无线移动工具（例如，智能手机、iPad 等）以及无线网络来获取学习材料、学习和与他人互动的过程。

智能手机、平板电脑和其他便携设备已成为学习工具，提供了访问语言学习应用程序、在线课程和其他教育资源的途径。移动学习的核心优势在于其提供的随时随地学习的可能性。相比传统的基于教室的学习模式，移动设备允许学习者利用碎片化时间和非正式环境进行语言学习，学习者可以在通勤途中、在咖啡馆等待时，甚至在旅行途中进行语言学习，从而极大地扩展了学习的时空范围。这种学习的无缝性不仅方便了学习者，也使得学习成为一种与生活紧密联系的日常活动。

在 CALL 的背景下，移动学习包括了一系列基于移动技术的教学和学习活动。这包括通过各类应用软件进行词汇学习、语法练习、听力训练和口语模拟等。此外，移动设备的多媒体功能，如摄像头、麦克风和触摸屏，使得创建和分享口头和书面作业变得更为便捷。移动学习的一个重要特征是它的个性化潜力。学习者可以根据个人的学习进度、兴趣和目标，自定义学习路径和内容。许多移动学习应用还具备自适应学习技术，可以根据用户的响应来调整难度和内容，确保最优的学习体验。除此之外，移动学习环境还支持社会化学习。社交媒体集成、多人在线游戏和在线论坛等功能促进了学习者之间的交流与合作，这对于语言学习来说是至关重要的。学习者不仅可以接触到不同的文化背景，还能实时使用目标语言进行交际，从而增加了学习的动机和现实情境相关性。

**7.2.1.12 聊天机器人——ChatGPT**

在 CALL 的环境中，人工智能的应用正在变得越来越广泛，特别是作为人工智能领域一大突破的 ChatGPT 的诞生，被视为具有划时代的颠覆性意义。ChatGPT 作为一个基于大型神经网络的聊天机器人，它能够理解并生成自然语言，可以用来在各种主题上与人类用户进行交流。它在多方面都展现了出色的表现，在 CALL 领域更是展示了非凡的作用。

ChatGPT 同 CALL 领域中涉及的一些关键技术相关。例如，自然语言处理（NLP）：作为 AI 中的一项核心技术，NLP 使计算机能够理解、解释和生成人类语言。这在 CALL 中尤其重要，因为它支持机器进行真实的语言交互。再如，交互式对话系统：ChatGPT 可以通过模拟真实对话来辅助语言学习，提供即时的反馈并引导学习者进行更自然的交流，这正是 CALL 所追求的实时交互特点。还如，自适应学习技术：ChatGPT 能根据用户的语言能力和学习需求进行个性化的对话，这种自适应学习技术在 CALL 中有着广泛的应用，旨在为每个学习者提供定制化的语言学习经验。此外，还利用了语音识别和语音合成技术，ChatGPT 能够识别用户的语音输入并进行响应，同时可通过语音合成以口语形式提供反馈，这些技术在 CALL 的听力和口语练习方面极为重要。

诸多技术的结合使 ChatGPT 成为语言学习者的有力工具，它体现了 CALL 的多元化和技术集成趋势，帮助语言学习者提高他们的语言能力。ChatGPT 这样的智能聊天机器人可以在多种方式下辅助语言学习。首先，它可以提供一个互动的环境，让学习者通过对话练习语言技能，尤其是写作和阅读理解。其次，ChatGPT 可以根据对话内容，即时纠正语法错误，并给出改进建议，帮助学习者了解并掌握正确的语言结构和词汇使用。此外，它还可以模拟不同的对话场景，增加学习的实际应用性，例如在商务谈判或日常对话中使用特定的词汇或表达方式。ChatGPT 还可以作为一个语言学习资源库，提供学习者查询词汇、短语和语法点的功能，同时提供例句帮助学习者理解和记忆。它还能够回答关于语言文化或习惯用法的问题，让语言学习更加深入和有趣。再加上它可以一天 24 小时随时提供服务，学习者可以在任何他们方便的时间练习语言，从而可以更加灵活地安排自己的学习计划。总之，ChatGPT 极大地支持了语言学习过程。

### 7.2.2　CALL 技术多样性的应用实例

CALL 技术的多样性体现在各种具体的应用实例中，这些实例展示了如何利用不同的技术工具和方法来支持语言学习。

#### 7.2.2.1　自适应系统技术的应用实例

学习者使用自适应学习系统进行语言学习时，可以体验到一个根据他们个人的语言能力和学习速度不断调整教材内容和难度的过程。这种系统通常运用先进的算法来跟踪学习者的表现，并据此动态调整教学策略，旨在为学习者提供最有效和最个性化的学习路径。下面将描述一个具体的学习案例以阐释学习者如何利用这项技术。

案例名称：智能日语路径。

目的：通过自适应系统学习日语，在六个月内由 N3 水平提高至 N2 水平（N 为日语能力测试）。

学习者：大学二年级学生。

步骤和流程：

①水平评估：首先通过系统的入门评估，评估内容包括基础词汇、简单的语法、阅读理解和基本听力。

②个性化目标设置：基于评估的结果，系统自动生成一个个性化的学习计划，致力于加强学习者的词汇库、语法理解和听说技能。

③逐步学习：开始跟随系统推荐的课程进行学习。系统根据学习者的进步情况动态地调整课程材料，其在每个部分的每个练习上的表现都会反馈给系统，用于后续的调整。

④实时反馈：在进行发音练习时，利用语音识别技术提供即时反馈。同时，系统记录了学习者在会话中的常见错误，并在后续练习中给予更多关注。

⑤多元化材料：随着学习者语言能力的提升，系统引入了多样化的学习材料，包括模拟对话、短文阅读及视频观看，这些内容涵盖了从文化到日常对话的不同主题。

⑥记录进步：每周完成一个进度测试，系统据此更新学习者的学习进度图表，并根据长期进展调整未来几周的学习内容。

实例总结与分析：在此学习过程中，学习者有效地利用了平台适应自己的学习节奏，同时系统的自适应技术确保学习材料的相关性和挑战性，以符合学习者不断发展的语言技能。这种自适应学习系统的使用有助于学习者更高效地利用时间和资源，最终达到他们的语言学习目标。不同学习系统的自适应特性可能会有所不同，一些系统可能在某些功能上采用了自适应技术，而另一些系统则可能提供全面的自适应学习路径。使用这些平台时，推荐学习者根据自身需求进行选择，以确保系统符合个人的学习目标和习惯。这种系统通过评估每位学习者的能力、进度和偏好，调整教学内容和难度，从而提供定制化的学习经验。尽管这种技术提供了个性化学习的便利，但在其应用过程中也存在一些需特别关注的问题。如学习者的隐私权必须得到保护，自适应学习系统凭借算法分析学习者的行为和表现，进而提供定制化的教学内容。这就意味着系统需要收集大量个人数据，包括学习者的个人信息和学习习惯。因此，开发者需要确保数据尤其是隐私数据的安全，避免数据泄露所带来的风险。另外，要避免过度依赖技术。学习者可能会因依赖自适应系统而减少与实际语言使用环境的互动，这可能会影响他们运用语言的全面技能。自适应学习系统应当作为语言学习工具的补充，而不是替代传统的学习方法。

#### 7.2.2.2 移动学习的应用实例

学习者通过利用移动学习技术使语言学习变得更灵活和更具互动性。移动学习允许学习者随时随地进行学习，充分利用了移动设备的便携性和多功能性。例如，学习者可以通过多种移动学习技术提高写作和阅读技能，以下是关于此方面的实际应用：

①使用阅读应用程序：利用如 Kindle 等电子书阅读应用，下载各类书籍进行阅读。

采用新闻或杂志应用程序等阅读文章以提高阅读速度和理解能力。

使用语言学习专门的阅读应用程序，比较不同语言的文本，实现语言对比学习。

②参与在线写作社区：加入在线写作平台，阅读他人作品同时发表自己的写作文本。

利用语言交换社区与母语为目标语言的人交流，通过写作和阅读他人反馈提高语言技能。

③使用语言学习应用程序的写作实践功能：一些语言学习应用程序提供填空、翻译和构造句子的写作练习。

利用更专注于写作的应用练习写作，并获取关于语法、拼写和文风的即时反馈。

④通过笔记应用程序记录与实践：使用如 Evernote 的笔记应用程序记录新学到的词汇和短语，并尝试用它们写作。

创作个人日记或短篇文章，以此练习写作技巧，并时常回顾自己的进步。

⑤阅读和写作结合练习：线上阅读短文后，总结文章的要点或写下个人感想。

通过阅读过的内容，模仿作者的写作风格和结构进行写作练习。

⑥定期进行挑战和测试：定期在应用程序中完成写作和阅读挑战，如写一篇关于读过的文章的总结。

完成写作和阅读能力测试，以评估进步并确定改进的方向。

实例总结与分析：通过综合运用上述移动工具和技术，学习者灵活根据自己的情况进行语言学习，并通过移动应用程序获得持续的进步反馈，以提高写作和阅读技能，同时享受移动学习带来的便利性和高效性。但在学习过程中需要注意移动学习技术的选用要符合学习者的实际需求。学习者在选择移动学习资源时，应当考虑内容的适宜性、界面的友好性以及交互设计的有效性。不同的技术工具适合不同水平和背景的学习者，并不是所有的移动学习工具都适合每个人。再有，学习者的自律能力至关重要。移动设备易于携带且功能多样，但也可能成为分散注意力的源头。学习者需要培养良好的学习习惯，避免在使用移动学习技术时受到通知、社交媒体等干扰。

### 7.2.2.3 机器翻译的应用实例

机器翻译作为CALL中的关键技术之一，为外语学习者和教育者提供了即时的语言转换工具，增强了跨语言沟通的可行性。在CALL环境中，机器翻译的实际应用不仅涉及文本翻译，还可以作为一种互动工具，帮助学生在沟通、写作和口语练习中桥接语言障碍。接下来介绍一个具体的口语练习案例，阐述机器翻译在CALL中如何被实际应用，以提高口语交流能力。

案例名称：每课开口5分钟。

目标语言：汉语。

参与者：中级班留学生，HSK4级水平，来自四个不同的国家。

学习环境：教室。

活动介绍：在听说课堂，每堂课开始时由学生上台用汉语演说5分钟，每次2人。演说后教师和学生就话题提问、开展讨论。是演说，也是分享活动，分享的内容不限，可自由选择。可以是自己日常所见所闻所感，也可以是文化交流，目的是让学生产生用汉语表达的欲望，敢于用汉语表达，提升口语能力。

使用机器翻译辅助课前准备：学生们在课前准备话题和搜集资料过程中会遇到障碍，此时借助机器翻译工具，将自己想说的话从母语翻译为目标语言。

最终演示：演说者向全班展示他们的话题并展开讨论。在提问和讨论环节，机器翻译可以作为实时沟通的辅助工具，帮助解决演讲过程中可能出现的语言障碍，增强交流的流畅度。

反馈与修正：交流结束后，教师给予语言上的指导和反馈，指出发音、语法、用词等方面的问题，并提出改进建议。

课后再次练习：学生课后根据反馈调整语言输出，不再依赖机器翻译，尝试独立完成口语练习。

实例总结与分析：通过这一案例，我们看到机器翻译工具在 CALL 中充当了激励学习者独立学习和实践外语的角色。学生们在实际的语言交流中使用机器翻译辅助理解和表达，但目标是逐渐减少对翻译工具的依赖，提高自主使用目标语言的能力。这样的练习有利于增加学生对实际语言使用的信心，并促进其口语技能的自然发展。尽管其准确度和过度依赖可能会成为学习障碍，但正确引导下机器学习可以作为辅助工具促进语言习得，确保它作为学习工具而非替代学习的手段。

## 7.3　未来研究方向

计算机辅助语言学习技术自诞生之日起就不断演进，其未来研究方向同样呈现出多元化的趋势。结合当前的科技发展态势和教育需要，可以预见 CALL 技术将在如下领域展开研究。

首先，人工智能（AI）的进步为 CALL 的未来提供了广阔的研究空间。随着深度学习等先进算法的发展，未来的 CALL 系统有望提供更加智能化和个性化的语言学习体验。这包括精准诊断学习者的语言水平，提供定制化的学习内容和路径，以及适时给予反馈和指导。AI 驱动的情感分析技术也可能被整合进 CALL 领域，这将允许系统根据学习者的情绪状态调整教学策略，以提升学习效果。

其次，云计算为 CALL 领域将提供无限的资源和数据处理能力。通过云端平台，未来的 CALL 系统可以存储海量的语言学习资源，并使这些资源可以随时随地访问，满足个体化和移动化学习的需求。同时，云计算还能支撑大规模数据分析，对学习过程中产生的数据进行挖掘和分析，从而对学习成效进行实时监控和评估。

虚拟现实（VR）和增强现实（AR）技术的集成是未来另一个继续深入研究的方向。这些技术能够创建沉浸式语言学习环境，使语言练习脱离文字界面，转向更加生动和现实的交流场景，如模拟海外旅行、工作面试等，极大地提高语言学习的趣味性和实用性。此外，CALL 的未来研究还将关注跨文化交际能力的培养。在全球化和信息化背景下，语言学习者不仅需要掌握语言技能，更需要理解不同文化的交际习惯和社交规则。这要求 CALL 系统包含更丰富的文化元素和社会情境模拟，以帮助学习者有效地参与跨文化交流。CALL 技术的未来研究还包括开发更有效的教学模式和评估机制。如同步和异步的互动教学模式的比较、游戏化学习的实用性研究，以及通过自然语言处理、数据挖掘等技术对学习者的语言产出进行更深层次分析的评估方法。

总之，CALL 技术的未来研究方向将集中于提高教学和学习效率、增强学习体验的个性化和沉浸感，以及优化教育评估标准。随着技术的不断进步，预计将产生更多创新的教育工具和方法，从而推动语言教育领域的持续发展和变革。

## 7.4 结论及启示

综合而言，计算机辅助语言学习技术的多样性不仅拓展了语言学习的可能性，也为学习者提供了更加个性化、丰富有趣的学习体验。语音识别、语音合成等语音技术有助于提高学习者的口语表达和发音准确性，加强听说能力；语法和拼写检查工具帮助用户在书写和语法使用方面更准确、更规范，帮助他们改善语法和拼写技能；游戏化、虚拟现实等创新工具能够激发学习者的兴趣和动力，使语言学习更具吸引力和乐趣；CALL 技术的发展强调了社交互动和合作在语言学习中的重要性，学习者通过在线平台可以与其他语言学习者互动，促进实际语言应用和交流；机器翻译减少了语言学习者在获取资讯时的语言障碍；电子书籍和多媒体教材已经成为语言学习资源的一个重要构成；自适应学习系统能够根据学习者的表现调整学习内容，提供更符合个体差异的学习路径；移动学习使得语言学习不再受时空限制，随时随地可发生；而作为人工智能领域一大突破的 ChatGPT 的诞生及其在 CALL 领域的应用，具有颠覆性的意义。

CALL技术提供更灵活、可访问的学习方式,使得学习资源对于各种学生,包括有特殊教育需求的学生,都更加容易获得。通过大数据分析学生的学习行为和表现,为教育者提供有关教学有效性和学生需求的深入洞察,帮助优化教学设计和个性化教学。在未来,不断创新的技术,将进一步推动语言学习教育领域的发展。

# 8 CALL 语境下教师角色的多样性

## 8.1 概述

计算机辅助语言教学，尤其是近期发展的人工智能辅助语言教学，为二语习得打开了全新的世界。这些技术的应用不仅极大地丰富了教学资源，扩展了学习渠道，还为语言学习提供了更加个性化、高效率的学习路径。然而，随着技术在语言教育中的深入应用，教师的角色和定位也面临着前所未有的挑战和变革。

在传统课堂中，教师是知识的传递者和学习过程的引导者，是知识的"权威"，然而在计算机和人工智能辅助的学习环境中，学习者与教师之间的互动方式发生了根本变化。教师不再是唯一的知识来源，而是学习者在探索知识过程中的协助者和引导者。在进入教师角色多样性的探讨之前，本章首先进行教师角色的意义的确认，即便在人工智能的时代，教师的角色仍然不可替代。其次关注师生关系，教师信任度和教师投入度在语言教学中的意义。教师角色的多样性，直接影响以教师为主导的师生关系，从而影响语言教学的效果。在人工智能时代，教师的角色正呈现出前所未有的多样性，技术的进步催生出教师能力和素质的大变革。再次随着技术的进步，对教师角色转变的研究层出不穷，教师的角色呈现出多个维度，教师这个职业的工作内容正在发生颠覆性的改变，其对技术时代的教师角色做了归纳分类，将从不同的维度探讨教师角色的多样性。为了实现高效的计算机辅助语言学习，教师需要重新审视和定位自己的角色，探索与技术融合下的最佳教学实践以及最佳角色组合。最后涉及教师角色重塑的路径探讨，智能时代的教师最重要的能力就是人机协同的能力，这部分将结合案例讨论人机协同的未来教育模式，以及这个模式下教师的角色。

## 8.2 教师角色的意义探讨

计算机辅助语言教学，"教"是必然发生的，但一定是来自教师吗？随着计算机对传统教学的改变，对于教师意义的探讨也甚嚣尘上，甚至我们会问出这样的问题：到底教师还有没有存在的必要？本部分先就这一决定教师角色是否存在的关键问题展开探讨。

### 8.2.1 "教师"还是"工具"

近年来，常常引发讨论的一个问题就是：计算机到底是"教师"还是"工具"？如果把计算机理解成"教师"，那么它就应该有老师的表现，比如在学习过程中它会模拟教师的功能，为了实现这一功能，就需要在电脑中做一些特别设计，这些设计会促成语言学习的有效发生。例如，如果计算机是"教师"，就意味着它可以测评学习者的表现，并根据表现做出反应，同时可以检测学习者的学习行为，作出必要的正向反馈或者提醒。如果把计算机当作一种学习工具来实现学习目标，比如利用它的文字处理工具来写一封电邮与人沟通，那么工具本身就不需要特别为语言学习而设计，而只需要由教师来选择合适的工具实现文字处理的功能即可。目前来看，用于语言教学的计算机还无法实现及时准确的反馈和测评功能，例如目前学习通平台的智能判分系统就很难给出反映学生真实语言水平的判分。主要是因为，系统难以灵活地评判学生提交的答案，即便是相对容易评判的客观题，学生提交的答案必须做到内容和格式完全正确才能得到相应的分数，标点和空格等简单的格式错误很容易导致误判，更不要说主观题的判分。由此可见，计算机还很难代替教师的角色，它只能算是辅助语言学习的"工具"。这是一个首先需要被界定的问题。

人工智能技术不断进步，在这样背景之下，教师的角色仍然不会被取代吗？这个问题在 CALL 发展的初期就被不断提及但又不断被否定，但是随着技术的深入，人工智能似乎无所不能，甚至能人所不能，面对这个问题人类的自信在消失，危机一直存在。美国佐治亚理工学院计算机科学教授艾休克·戈尔（Ashock Goel）用人工智能回答 MOOC 课程问题。他将一款基于 IBM 沃森（IBM Watson）技术的聊天机器人安排做助教，并命名为吉尔·沃特森（Jill Watson），为学生答疑5个月，其间没有任何学生发现助教是机器人（来自 Singularity Hub 的报道）。这一事件虽然令人震惊，但也不难看出其中缘由，机器人助教只负责回答问题，并未真的作为教师主导教学，所以学生才没有发现异常。但这一事件仍然让人诧异，教师究竟要做什么才不会被取代，不断有学者加入这个问题的探讨。"未来机器人时代，工作分为四大类：人类能从事但机器人表现更佳的工作；人类不能从事但机器人能从事的工作；人类想要从事却还不知道是什么的工作；只有人类能从事的工作"（凯文·凯利，2016）。在这个逻辑之下，教师如果不想被取代，就要去从事机器人不能完成的工作。教师如果依然只重视简单的知识传授，就一定会被机器秒杀，如果教师仅仅是知识的传授者，便将被机器所取代。实际的教学过程中，师生之间传递的绝不仅仅是简单重复的知识，人类所具有的直觉、同情心、好奇心、求知欲、想象力、洞察力、创造力、情感处理能力、社交能力等天赋本能和特质是 AI 时代人类存在的价值之所在，这是人类胜于机器、优于机器且不可被机器取代的东西（宋灵青，2018）。所以，教师的职业仍然具有不可替代性，教师是师生关系的主导者，而有效的教学发生的基础便是师生关系，它应该是稳定的、灵活的、鲜活的、互相信任的，而教师是维系这种师生关系的决定因素。

### 8.2.2 教师的信任度

计算机辅助语言教学效果的好坏很大程度上取决于学生在整个学习过程中的参与度，学习者可以通过参与 CALL 的全流程，例如发表评论，或仅仅浏览学习材料等，实现不同层次的学习。贝茨（Bates，1997）总结了"参与"的两个特征：个体性质——表现为孤立的活动，主要与学习材料进行互动；社会性质——表现为社交活动，主要与人进行互动。学习者可以通过与教学材料的互动和与教师互动的方式参与语言教学，而对教师的信任度则决定了与教师互动程度，同时因为对教师教学能力和计算机素养的信任，学习者会逐渐降低学术抵触（Rienties，2014），降低对学习方法变更的抵触（Piderit，2000），接受新技术作为辅助语言学习的工具，技术接受模型（TAM）（Davis，1989）就是这样一个模型。它能调整教师对使用技术的认知和态度，解决技术变革抵抗问题。类似的研究（Dietvorst et al.，2015；Tsaiand and Gasevic，2017）也表明，学习者在学习软件使用过程中发现软件设计错误就会立刻失去信任感，很快就会放弃对新技术的使用，这说明学习者的技术素养和教师的技术素养在这个过程中起了关键的作用。学习者对数据收集、存储和AI驱动系统的了解对于发展学生和教师对计算机辅助语言学习的信任度至关重要。越来越多的研究表明，对教师技术素养的培训能够大大消除技术偏见，从而提升学习者对技术的信任度和参与度。计算机辅助的语言学习效果很大程度上取决于学习者对教学技术的信任，而使用教学技术的第一指导者就是教师，因此教师需要不断提高自己的技术素养，解决学习过程中学习者抵触问题，充分认知自己要面临身份转变的问题，积极应对。

### 8.2.3　师生关系

二语习得过程中有关师生关系等社会性问题的探讨由来已久。维高斯基的社会文化理论强调了社会互动在认知发展中的作用，其中师生关系被视为促进学习者语言习得的关键社会互动形式。克拉申（Krashen，1982）的输入假设（Input Hypothesis）中提到了"情感过滤器"（Affective Filter）概念，强调了积极的师生关系可以降低情感过滤器，说明积极的学习环境充满了支持和鼓励，能够促进语言输入的吸收和二语习得。在任务型语言教学的理论和实践中，师生关系也会积极地影响任务型学习环境下的学习效果（Ellis，2003）。在社会经济学和语言学习的关联研究中，马丽红（Ma，2022）选择1 181名八年级学生和300名十一年级学生作为调查对象，利用问卷和测试的方式完成实证研究，结果显示，师生关系在八年级和十一年级学生的社会经济地位（Socio-Economic Status，SES）与英语表现之间的关联中起到了负向调节作用，但在十一年级，师生关系的调节效应略大。王（Wang，2022）采用社会网络分析（SNA）方法研究了第二语言习得中情感变量的动态性质，特别强调了学习环境内部社交网络对学习者情感变量如动机、毅力、外语学习乐趣和厌倦感等的影响。文章的研究结论指出，在课堂学习社交网络中，师生关系能够积极地影响学习者的情感态度和学习动机。这些研究共同强调了师生关系对学习效果的积极影响，良好的师生关系能提升学习动机、增加学习乐趣，从而促进语言输入的吸收和二语习得。教师在建立积极的课堂社交网络中扮演着至关重要的角色，可以通过建立互相尊重和关怀的学习氛围，促进学习者之间的积极互动，增强学生的外语学习乐趣，减少学习厌倦感。这样的社交网络不仅有利于学习者情感态度的正面发展，还可以提高他们的语言学习效果。教师并非只是一个孤立的职业，教师的社会性也并非仅仅体现在课堂上的知识传授，教师能够为学生提供情感引导和情绪价值，这也是教师多重身份的体现。中国哲学家韩愈对教师职业的描述是"传道授业解惑"，教师除了知识传授者的"传道"角色外，还身兼"授业"即学生情操的培养者和"解惑"即人生困惑的解答者的角色，这正是课程思政要向学生传达的。

### 8.2.4 教师支持

肖和他的团队（Chiu et al., 2023）进行了 AI 机器人辅助语言学习效果和教师支持之间的关系的研究，该研究以自我决定理论（Self-Determination Theory, SDT）为基础，重点关注教师支持如何影响学生的需求满足和内在学习动机。研究发现，教师支持能够缓解学生在自主学习（Self-Regulated Learning, SRL）过程中产生的焦虑情绪，从而对外语学习成绩产生正向影响。该研究中使用的自我决定理论认为，满足学习者的自主性、能力提升和关联性等心理需求，才能使学习者获得学习内驱力，从而保持语言学习更高的参与度和更强的持续性（Ryan and Deci, 2017, 2020）。因此，AI 智能软件在最初设计中就应该考虑添加满足学习者心理需求的功能，但在情感沟通方面，教师的作用明显大于计算机。设计完备的 AI 语言学习技术在实际教学中也能充分发挥积极效用，教师的调节作用功不可没。教师不仅是学生学习动力和学术成就的关键促进者，也是实现 AI 技术有效整合与应用的中介，他们的专业引导可以将 AI 技术辅助语言教学的潜力最大化。

其实，并非所有的教师参与都能产生预期的理想效果，吴（Wu, 2022）

进行了 AI 辅助教学活动的研究，旨在探索教师支持和学习成果之间的相互关系。该研究选取 22 名学生，并为他们安排了一次长达 6 小时的 AI 辅助学习活动。本研究采用单组前测和后测设计，并根据作品评分量表进行评分。结果显示，就学习成果而言，本次学习活动有助于提高 AI 技术的认知水平，但真正地提高技能需要更多的培训和练习。此外，该研究发现，有无教师支持的情况下，学生的学习表现存在差异。有教师支持的活动可以提高学生的学习成果，但学生会习惯于依赖他们的教师。相比之下，没有教师支持的活动似乎在培养学生的独立计算思维和问题解决能力方面更为有效。教师支持通过提供指导和反馈，能够提高学生的学习成果，这强调了教师作为知识传递者和学习引导者的传统角色。另外，该研究也发现，缺少教师直接介入的学习活动有助于培养学生的独立思考和问题解决能力，这揭示了教师角色向促进者和激励者转变的必要性。

从以上两个案例可见，教师支持并非理所应当地能够提高学习者的学习效果，过度的教师支持反而会形成教师依赖，而这可能会阻碍学生自主学习能力的发展。这要求教师既要关注学生的心理满足，必要时给予足够的支持，同时也要关注学习者的自主学习情况，在学生过于依赖时给予足够的鼓励和引导，授学生以"渔"而非"鱼"。因此，教师在 AI 技术辅助的教学环境中的角色应该是灵活多变，因时而动的，而且是多维度、立体化的。

## 8.3 教师角色的重塑

通过对教师角色意义和师生关系多个角度的探讨不难看出，教师仍然在语言教学中承担重要作用。技术的进步带来了教师角色的巨大转变，传统教师的角色逐渐弱化（周月玲，2021；邹太龙，2021），教师的身份面临多重困境，邹太龙将其定义为"教师角色危机"，包括"教师"指谓泛化，知识权威式微，教学经验衰弱，道德形象矮化（邹太龙，2021）。既然面临角色危机，就需要立即开启教师角色的重塑，新型的教师角色应该是多样的，呈现知识、伦理、技术、道德等多重维度，本节将技术时代的教师角色做了归纳分类，从不同的维度探讨教师角色的多样性。

### 8.3.1 知识传授维度

即便是在人工智能的时代，教师的基本职能仍然是知识传授者，只是知识传授的模式和途径已经发生了根本的变化。教师不再享有知识的"霸权"待遇，而每个学习者都能多渠道获取多样化的信息，知识的传递可以是从"师"到"生"，也可以从"生"到"师"（刘婷婷，2022）。人工智能时代课堂关系不再仅限于师-生、生-生两个维度，课堂教学中的关系将拓展为师-生关系、生-生关系、生-机-生关系、师-机-生关系等，即由人-人关系拓展至人-机-人关系。课堂教学的主要关系形式将以混合交互的人-机-人关系为表征。课堂关系的改变，也促使教师的职能的逐渐演变，教师要通过网络，将知识与他人共享，使得知识成为一种流动性的可配置资源。教师也由知识权威者转变为知识重新配置者和双向互动促进者（刘婷婷，2022），海量知识的中转站（邹太龙，2019）。在此基础上，教师可以利用自己的专业知识，将知识性问题分类处理，并加入自我理解，形成高精度的知识结晶。这些知识的精华，必然突破了教参和课本的束缚，更加成熟和体系化。教师就是要将海量繁杂的知识点进行筛选、整理，将整理后的优势资源推送给学生，拓宽学生学习的渠道，这不仅能够使学习者在海量信息资源中获得积极有效信息，也能够为学习者提供不同的学习视角，因此教师的角色转变为更高级的教育资源的筛选者（邹太龙，2019）和优势资源推送者（刘婷婷，2022）。在优质教育资源推送的过程中，教师既是"分享者"，也是"学习者"，在汲取网络资源的同时，不断丰富改进自己的知识结构。教师可以通过与技术有关的各种途径，例如创建公众号等途径引发学习者进行深度思考与探讨，不断推进教学方法和教学模式的革新，做一个终身学习者（王毅，2023），教学改革的推动者（邹太龙，2019），教学服务者，教学流程设计者和组织者。

教师在这个维度的角色经历了从知识的筛选推送者到教学的设计组织者的飞跃，除了知识的处理能力之外，如何在技术加持下传授知识，也是一个新的挑战。在技术的时代，教师对教学的设计也要脱离传统模式，进入未来教学活动设计模式。教师作为知识传授维度中的教学设计者的角色，国外学者也进行了相关的实证研究。这项研究探讨了如何通过参与式教学设计帮助芬兰大学即将毕业的 TESOL 专业学生从语言教师的角色转变为新技术下语言学习活动的设计者。研究采用了质性方法，包括纳克斯分析和设计导向的文化-历史活动理论（Culture-History Activity Theory，CHAT）。实验过程中，TESOL 学生尝试为学校学生设计并实施计算机辅助的语言学习活动。研究结果显示，尽管学生能够设计语言学习活动，并在活动中使用到计算机技术，且项目也收到了参与者的正面反馈，但学生对未来语言学习模型的设计仅仅是在当前的课堂体系中加入了技术辅助，仍然停留在对现有实践的技术增强上，并未实现真正的颠覆和革新（Kuure et al.，2016）。

作为未来语言学习活动的设计者，尤其是未来 CALL 教学活动的设计者，教师需要理解自己作为设计者的角色，同时也要理解学习者的特点和需求，更重要的，要将以计算机为基础的 AI 技术作为语言学习活动的基础进行设计。我们目前的 CALL 活动，基本上是对技术的简单使用，是为了使用技术而使用技术，当我们把活动中的技术成分去掉，该活动依然可以照常进行，这就不是真正的未来 CALL 教学活动。李开复在 2024 年开年演讲中提到，真正的 AI 应用应该是，如果去掉大模型，整个应用就无法成立、无法工作、不存在。而未来的 CALL 教学活动设计的理念也应如此，如果去掉计算机 AI 技术，整个教学活动就无法成立、无法工作甚至不存在。

### 8.3.2 伦理规范维度

计算机技术，尤其是人工智能，在教育中的应用场景越来越多，为语言教育的创新发展带来了难得机遇和巨大价值。然而，智能教育也带来了越来越多的伦理风险和担忧，引起研究者的诸多关注，阮和他的团队（Nguyen et al.，2022）探讨了人工智能在教育中的伦理问题，包括隐私数据的泄露，特殊学习需求歧视，学习者丧失学习自主权，网络攻击以及 AI 算法公正性等问题。该研究建立了一套伦理原则，作为一个框架来指导教育利益相关者对 AI 辅助教育工具的开发和使用。在人工智能辅助教育（Artificial Intelligence in Education，AIED）的实施和开发中，教师被视为关键的教育利益相关者，教师的作用被认为是设计和实施 AIED 系统时必须考虑的关键因素。联合国教科文组织（UNESCO）指出了实现 CALL 以及 AIED 可持续发展的六大挑战之一就是为 AI 教学配备合格的教师队伍。这些研究引发了对教师角色转变必要性的讨论。AI 辅助的语言教育中，学生和教师都处于中心位置，而教师的引导作用使其地位更加突出。面对计算机技术带来的语言教育伦理问题，教师应该扮演好伦理意识和实践的推广者角色，教师在引导学生理解和应用计算机的同时，必须提升自己的伦理意识，并将其融入教学实践中，这包括对学生隐私的保护、数据使用的透明度以及确保教学活动中 AIED 软件的公平。因此，教师不仅是 AIED 技术的用户，更是其公正性的评估者。他们需要评估技术对学习环境的影响，包括学生互动、学习成效和个人发展等方面，确保 AIED 的实施不会损害教育的核心价值和学生的福祉。教师还应该是学生数字素养的培训者，教师有责任培养学生的数字素养，包括理解和批判性评估人工智能技术，识别和应对潜在的伦理问题，以及如何安全、负责任地使用这些技术。最后，教师还应该是人本主义的维护者，在 AIED 的应用中，教师强调以人为本的教育理念，确保技术服务于语言学习，而不是取代人际互动，更无法取代人类教师的角色。

### 8.3.3 技术素养维度

无论是知识的传授还是伦理的规范，都离不开教师的技术素养（Technological Knowledge, TK）（Mishra and Koehler, 2006；Celik, 2023）。技术素养包含多个方面的技术知识，包括将数字资源和教学技术转化为教学素材的能力，同时将人工智能教育技术和教学相整合的能力（Sperling et al., 2024）。当教学中需要教师将技术素养和学科知识相结合时，技术、教学和内容知识（Technological Pedagogical Content Knowledge, TPACK）模型应运而生，强调教师不仅需要掌握学科知识（Content Knowledge, CK）和教学法知识（Pedagogical Knowledge, PK），更重要的是需要融合这两方面的知识，即 PCK，以有效地教授特定学科的内容，该模型是由米什拉和科勒（Mishra and Koehler）在 2006 年提出的。

对教师而言，AI 技术素养是必需技能，它能够很好地帮助教师实现 AI 辅助下的知识转移。技术素养是通过什么获得的呢？韦兰德尔（Velander, 2023）进行了针对 K-12 的学生 AI 辅助学习效果和教师技术培训之间的关联性研究，采用匿名问卷调查与焦点小组讨论，以智能 TPACK 理论框架为基础的定性内容分析显示，教师的技术知识通常是通过偶然学习获得，并经常导致对技术和技术设施过程的误解，例如课程中模糊不清的指导方针、对AI及其限制的认识缺失等。由此可见，教师的技术素养并非理所应当，生来就有的，真实的教学实践中因教师技术素养不足造成的失误并不鲜见。教师技术素养的相关培训显得尤为重要，教师的技术培训不应仅限于理论学习，更应注重实践操作和案例分析。通过模拟教学场景、项目式学习和同行互助，在实践中遇到的问题在实践中解决，进而深化对技术的理解和应用。这样的培训方式能够有效明确课程的教学方针，提升教师的技术自信心，减少在真实教学过程中因技术不熟练而导致的错误。此外，教师技术培训应该是一个持续的过程，随着科技的发展和教育需求的变化，教师需要不断学习新技术以及该技术在教学中的应用。

### 8.3.4 道德引导维度

在计算机辅助语言学习的新纪元中，教师有机会从传统的教学职责中解脱出来，摆脱过去那些烦琐且乏味的任务，这不代表说教师的角色将会消失或他们的责任将大幅缩减。恰恰相反，在人工智能盛行的时代，教师的角色预计将回归其最初的本质，展现其最真实的价值，教师应当更深入地致力于坚守根本的"育人"职责。谷亚（2019）将教师角色的本真归结为三个方面：一是坚守成"人"教育的原点使命；二是坚守生命关怀和伦理呵护的职责；三是坚守个体社会化引领和学习社交性弥补的重任。教师本真的这三个方面正是我们前面讲到的，人工智能所不能的事。人工智能在重复性的知识供给方面优于人类，但是人工智能欠缺的，恰恰是那些"使人之为人"的特征，例如道德，哲思与审美，创新精神等（项贤明，2019），也就是教师的基本职能"传道，授业，解惑"中的"道"。教师在道德引导维度上的转型就是要将"传道"转向"探道"，并以"道"为追求引导学生献身真理的探索创新（周月玲等，2021）。学生的能力和素养不会自动发生，也不能够仅凭自学就可养成，他们的成长始终需要教师这样的引路人、对话者、帮助者、互动者和陪伴者（李政涛，2017）。智慧教育时代的道德教育，脱离了"约束""惩罚"的手段，以道德陶冶为主要方式，通过VR、AR等沉浸式技术支持下的情境教学，将学生的道德行为动力归因由外在的、不可控的、不稳定的因素转化为内在的、可控的、稳定的因素，从而实现学生道德行为的自发性和稳定性（冯永刚等，2021）。由此可见，语言教育从重视单一的认知维度转向关注认知、情感和道德等多个维度。CALL 时代的教师应懂技术懂方法，更应不忘教育初心，始终做一个有灵魂、有感情、有温度的"人"。

## 8.4 教师角色转变实现路径

教师的工作不会被彻底取代，虽然 BBC 预测教师被取代的概率是 0.4%，但实际上教师的很多工作会被人工智能所取代。像雷·克里福德（Ray Clifford）所言，"科技不能取代教师，但是使用科技的教师却能取代不使用科技的教师"。同理，人工智能不会取代教师，但是使用人工智能的教师会取代不使用人工智能的教师。既然"人"和"机"不能互相取代，那么他们是不是可以协同发展呢？

对于教师而言，作为教学的组织者与引导者，必然要因时而动，及时适应教师角色的转换，学会适时让位，及时补位。具体而言，教师要能意识到人工智能进入教学的必然性，以推陈出新的态度面对人机协同的来临，未来人工智能将是教师教学过程中的得力助手（王毅，2023），实现人机协同。人机协同的教育模式是智能教育的未来，这在学术界已达成共识，在学者的研究中有不同的名称，例如"双师课堂"（汪时冲等，2019），AI 教师（余胜泉，2018），"AI"时代的教师（宋灵青，2018）等。"AI+"的概念也不断被提及，首次出现在国务院《新一代人工智能发展规划的通知》[①]（后称《规划》）中，"设立人工智能专业，鼓励高校在原有基础上拓宽人工智能专业教育内容，形成'人工智能+X'复合专业培养新模式"。随后，教育部积极提出"新工科"和"新文科"的概念，其中人机协同的研究与实践就是"AI"与多学科专业教育的交叉融合，各种研究实践努力优化"人工智能+X"的人才培养模式。接下来，本小节介绍人机协同的教学实践并解读这些教学实践中教师的角色。

余胜泉，就职于北京师范大学未来教育高精尖创新中心，该中心对人工智能教育应用领域做了系列前瞻性研究，启动了"人工智能教师"（AI

---

[①] 参见 https://www.gov.cn/zhengce/content/2017-07/20/content_5211996.htm。

Teacher）的国际合作研究项目。在这个项目中，教育大数据平台建立并采集全学习过程数据，对青少年儿童的知识、情感、认知、社会网络等进行全面仿真，通过数据精确了解青少年发展的一般规律及个体特征，实现自然语言交互形态的"AI Teacher"服务。该研究分析介绍了人工智能的三大学派及其典型案例，论述了人类该以何种态度应对人工智能发展态势，并具体阐述了人工智能教师在未来可能承担的十二个角色（见表8-1）。

表8-1 未来 AI Teacher 的角色（余胜泉，2018）

| 教师角色 | 角色功能描述 |
| --- | --- |
| 可自动出题和自动批阅作业的助教 | 帮助教师对不同能力的学生自动生成不同的试题，并对作业、试卷等实现自动化批改 |
| 学习障碍自动诊断与反馈分析师 | 帮助教师、家长发现学生学习中隐含的问题，并及时给予反馈与解决 |
| 问题解决能力测评的素质提升教练 | 协助教师评估学生问题解决能力的发展，并通过综合性项目学习提升学生素质 |
| 学生心理素质测评与改进辅导员 | 协助教师及早发现学生的心理问题并及时给予干预 |
| 体质健康监测与提升的保健医生 | 帮助教师基于数据，精确了解学生体质发展及健康状况，并给出促进发展的训练方案 |
| 反馈综合素质评价报告的班主任 | 在期末或其他关键时间为学生、家长提供全面、客观、有科学数据支撑的综合素质评价报告 |
| 个性化智能教学的指导顾问 | 实现因人而异、因情境而异的个性化智能教学 |
| 学生个性化问题解决的智能导师 | 以自然交互的方式对学生个性化问题进行解答与指导 |
| 学生成长发展的生涯规划师 | 帮助学生认识自己、发现自己的特长、兴趣，协助完成学生成长发展的智能推荐 |
| 精准教研中的互助同伴 | 协助教师实现同伴间的教学问题发现与互助改进 |
| 个性化学习内容生成与汇聚的智能代理 | 根据学生个性化特征自动寻找、关联、生成与汇聚适合的学习资源 |
| 数据驱动的教育决策助手 | 为现代教育治理提供决策辅助，通过人机协同思维、协同思考的方式实现教育宏观决策和宏观政策研究 |

AI Teacher 是未来教师角色的设计，在 AI 技术的支持下，承担并完成

了教师角色的多维度功能。首先，AI Teacher 能够高效自动化地完成传统教师的功能，例如自动出题、批阅作业，以及进行学习障碍的自动诊断和反馈，通过 AI 的数据分析作出科学的教育决策和教学设计，满足了教师知识传授维度的角色功能。AI Teacher 在技术的加持下，能够将教学沟通拓展至线上和线下，随时响应学生的个性化问题，提供指导和支持，满足了教师技术素养维度的角色功能。同时，AI Teacher 既能够关注学生的全面发展又能实现个性化教学，即全面地关注某个学生的学术成绩、心理健康、体质健康和素质提升，还能基于学生的不同能力、特长和兴趣，提供个性化的学习资源和教学方案，满足了教师道德引导维度的角色功能。而这一切功能的实现都需要教师充分了解 AI 技术的伦理原则，利用技术做技术该做的事，同时引导学生正确地使用技术，这就是教师的伦理维度角色功能。AI Teacher 的设计是对国务院《规划》中"AI+"概念的积极响应，也是对"人工智能+X"复合专业培养新模式的探索。这个人机协同的设计中，教师和 AI 技术相辅相成，缺一不可，是一种更加个性化、高效和动态的语言教学模式。未来的人机协作将教师从繁复低级的教学活动中解脱出来，将精力投入高级的智慧教学工作（余胜泉，2018），从而实现教学工作从强调学生的低阶认知发展转向关注高阶统整性发展（王素月，2021）。

传统教师向 AI 教师的转变涉及多方面的努力和适应。首先，教育 AI 需要更新迭代，增加更多辅助教学的实用功能，除了技术人员的努力外，还需要一线教师提供实用的设计意见。此外，更为重要的是教师自身的努力，教师需通过技术培训学习 AI 及其在教育中的应用，同时更新教育理念，从以教师为中心转向以学生为中心的个性化智慧化教学，并且这个过程需要持续不断地推进，教师应持续跟进 AI 教育技术的进展，不断提升专业技能，不断地在教学中尝试更新教学技术，更好地人机协同。教师还需要学会在实践中和心理上引导学生适应 AI 教学，合理利用 AI 技术，做好伦理和道德的引导者。这个转变过程复杂且漫长，道阻且长，行则将至，最终将实现一个更加智能、高效和包容的教育生态。通过持续地学习和努力，语言教学将步入一个以人机协作为特征的新时代。

## 实例展示

在探索人机协作的未来教学模式的过程中，我们可以通过一些具体的案例来更好地理解这种模式的实际应用和潜力。下面，我们将介绍两个教学案例，第一个是人机协同案例，第二个教师角色转变的案例，来展示我们在实际教学中进行的初步探索。

实例一：人工智能教育机器人的教育应用

实验对象：某高校商务英语专业大二学生。

数量：95人。

课程："国际贸易实务"。

教学内容：课堂中第三单元支付方式。

教学目标：了解信用证的概念及用法，并能够熟练掌握信用证的支付流程。

实验步骤：

第一步，教师利用人工智能机器人作学情分析，了解学生整体语言流利程度。

第二步，根据这堂课的知识点，利用知识图谱技术制作信用证流程图，流程图中按照步骤流程逐一介绍相关的重要当事人、票据、文件，便于学生在了解信用证使用流程的同时学习总结相关知识点，并按照难易程度划分成不同组别。

第三步，AI教育机器人能够为教师提供海量资源供筛选，教师根据学情分析中体现的学生的个性化特点和英语水平，分别发送不同的个性化学习资料，并配以相关的影音视频、参考文件、测试、作业等。

第四步，AI教育机器人帮助设定教学材料的呈现方式，例如设定一个信用证使用的国际贸易交易作为导入背景，模拟信用证的使用场景，展示信用证的使用流程，教师全程通过语音控制人工智能教育机器人，将学习材料发送至学生端，同时发送至讲台上的教师端。学生在智能平板上产生的学习数据会传回人工智能教育机器人，人工智能教育机器人再为教师实时反馈相应数据。

第五步，学生针对教学材料提出的问题立即被传输到AI教育机器人，

AI 教育机器人及时反馈问题答案；对于无法识别的问题则反馈到教师端。

第六步，课堂完结后，AI 教育机器人根据本堂课多终端反馈的数据，实时生成课堂报告，方便教师了解班级整体学习情况以及个体差异情况，及时与预警学生联系，答疑解惑，同时为下一次课程的教学设计提供可参考的依据。

实验结论：在这个人工智能辅助教学案例中，教师通过利用人工智能教育机器人提供的学情数据，深入分析学生学习数据并进行系统分类，完成了数据分析师的角色。同时，教师合理设计了课程结构，利用了人工智能为学生提供的课程所需知识点，课堂结束后，利用机器人生成的课堂报告，教师评价学生学习效果并根据反馈调整后续的教学设计，承担了课程设计师的角色。基于学生的个性化特点和学习水平，教师配合机器人向学生发送个性化学习资料，成为个性化教学实施者。此外，教师还实时掌握学生对教学材料的反馈，通过人工智能教育机器人即时调整教学策略并处理学生疑问，有效地促进了课堂互动，是整个课堂的协调者，完成了课程的持续推进。这个实验过程中教师的角色变化，不仅显示了教师在利用人工智能技术进行教学中的多重身份和多维度功能，体现了教师角色的多样性，也强调了教师在促进教学效率和质量提升中的主导作用。

实例二：教师角色转变的实证研究

实验对象：某高校经济学英语专业大二学生。

数量：两个班级，共 50 人。

课程："大学英语 3"。

教学内容：新视野大学英语第三册。

实验周期：两个学期。

实验步骤：

第一步，通过设计问卷评估两个实验班级学生的学习自主性当前状态，问卷包含自主意识、学习态度、学习目标、计划、学习策略、学习成果和评价，对电脑辅助教学的态度等方面。问卷答案采用 1 到 5 分的评分系统，1 分代表完全不同意，5 分代表完全同意，分数越高表示学习自主性越高。收集到的数据通过 SPSS 15.0 进行分析。表 8-2 中显示，显著性水平较高（>0.05），这表明在实验开始时，两个班级在经验研究中几乎是相同的，这两者之间没有明显的差异。表 8-3 中显示，两个班级的学生在学习自主性方面都较低，对 CALL 有一定的抵触情绪。

表 8-2　实验班和对照班问卷 T-test 数据

| Questions | Class | Pair sample T test | Questions | Class | Pair sample T test |
| --- | --- | --- | --- | --- | --- |
| Item 1 | 1 | 0.096 | Item 13 | 1 | 0.727 |
|  | 2 | 0.097 |  | 2 | 0.727 |
| Item 2 | 1 | 0.478 | Item 14 | 1 | 0.540 |
|  | 2 | 0.478 |  | 2 | 0.540 |
| Item 3 | 1 | 0.065 | Item 15 | 1 | 0.411 |
|  | 2 | 0.065 |  | 2 | 0.412 |
| Item 4 | 1 | 0.213 | Item 16 | 1 | 0.532 |
|  | 2 | 0.213 |  | 2 | 0.532 |
| Item 5 | 1 | 0.098 | Item 17 | 1 | 0.098 |
|  | 2 | 0.098 |  | 2 | 0.098 |
| Item 6 | 1 | 0.774 | Item 18 | 1 | 0.867 |
|  | 2 | 0.774 |  | 2 | 0.867 |
| Item 7 | 1 | 0.615 | Item 19 | 1 | 0.150 |
|  | 2 | 0.615 |  | 2 | 0.150 |
| Item 8 | 1 | 0.214 | Item 20 | 1 | 0.445 |
|  | 2 | 0.214 |  | 2 | 0.445 |
| Item 9 | 1 | 0.177 | Item 21 | 1 | 0.155 |
|  | 2 | 0.177 |  | 2 | 0.155 |
| Item 10 | 1 | 0.872 | Item 22 | 1 | 0.873 |
|  | 2 | 0.872 |  | 2 | 0.873 |
| Item 11 | 1 | 0.061 | Item 23 | 1 | 0.074 |
|  | 2 | 0.061 |  | 2 | 0.074 |
| Item 12 | 1 | 0.150 | Item 24 | 1 | 0.615 |
|  | 2 | 0.150 |  | 2 | 0.615 |

表 8-3　问卷问题的标准差（SD）分析

| Questions | Class | Average | Standard Deviation | Questions | Class | Average | Standard Deviation | Questions | Class | Average | Standard Deviation |
|---|---|---|---|---|---|---|---|---|---|---|---|
| Item1 | 1 | 3.38 | 0.673 | Item9 | 1 | 2.45 | 0.677 | Item17 | 1 | 2.34 | 0.675 |
|  | 2 | 3.65 | 1.001 |  | 2 | 2.56 | 0.712 |  | 2 | 2.34 | 0.734 |
| Item2 | 1 | 2.98 | 0.876 | Item10 | 1 | 2.56 | 0.714 | Item18 | 1 | 2.76 | 0.798 |
|  | 2 | 2.71 | 0.844 |  | 2 | 2.44 | 0.723 |  | 2 | 2.98 | 0.810 |
| Item3 | 1 | 2.05 | 0.565 | Item11 | 1 | 2.33 | 0.626 | Item19 | 1 | 2.86 | 0.778 |
|  | 2 | 2.21 | 0.534 |  | 2 | 2.43 | 0.674 |  | 2 | 2.87 | 0.811 |
| Item4 | 1 | 2.32 | 0.674 | Item12 | 1 | 2.48 | 0.723 | Item20 | 1 | 2.83 | 0.812 |
|  | 2 | 2.34 | 0.654 |  | 2 | 2.79 | 0.732 |  | 2 | 2.76 | 0.821 |
| Item5 | 1 | 2.86 | 0.852 | Item13 | 1 | 2.57 | 0.765 | Item21 | 1 | 2.98 | 0.798 |
|  | 2 | 2.77 | 0.837 |  | 2 | 2.47 | 0.767 |  | 2 | 2.65 | 0.767 |
| Item6 | 1 | 2.78 | 0.774 | Item14 | 1 | 2.18 | 0.623 | Item22 | 1 | 2.63 | 0.720 |
|  | 2 | 2.76 | 0.736 |  | 2 | 2.25 | 0.654 |  | 2 | 2.65 | 0.723 |
| Item7 | 1 | 2.56 | 0.734 | Item15 | 1 | 2.67 | 0.734 | Item23 | 1 | 2.14 | 0.654 |
|  | 2 | 2.45 | 0.713 |  | 2 | 2.87 | 0.767 |  | 2 | 2.22 | 0.678 |
| Item8 | 1 | 2.34 | 0.546 | Item16 | 1 | 2.53 | 0.765 | Item24 | 1 | 2.61 | 0.733 |
|  | 2 | 2.43 | 0.654 |  | 2 | 2.65 | 0.786 |  | 2 | 2.72 | 0.754 |

第二步，在分析了两个班级的学习自主性情况后，笔者随机选择了一个班作为实验班，另一个班作为对照班。在实验班中，教师采用了以学生为中心和教师辅助的教学方法，而对照班继续使用传统的教学方法。

第三步，在实验期间，实验班教师采用了以下方式应用以学生为中心的方法来促进学习者自主性和人机协同能力：

①帮助学生培养学习自主性意识。

②在课堂中营造积极的环境。

③指导学生设计他们自己的可行学习计划和学习目标。

④介绍有效的学习策略。

⑤帮助学生监控他们的学习过程。
⑥帮助学生评估他们的学习成果。
⑦电脑手机和人工智能软件的技术培训和示范。
⑧人机协同教学设计。

第四步，两个学期的教学任务结束后，教师将相同的问卷发放给实验班和对照班，以比较两个结果，看看教师的方法是否有效地提高了学习自主性。

从表8-4中看，成对样本T检验的结果远低于0.05，这表明实验班在实验前后的数据之间存在显著差异。这是一个证据，表明在实验班实施的实验有效地促进了学习者的自主性和人机协同能力，教师在提高学习者自主能力方面发挥了极其重要的作用。从表8-5中看，成对样本T检验的结果高于0.05，这表明对照班在实验前后的数据之间没有显著差异。

表8-4 实验班成对样本T检测

| Pairs from two questionnaires (Pre-test and post-test) | | Paired sample Ttest | Pairs from two questionnaires (pre-test and post-test) | | Paired sample Ttest |
|---|---|---|---|---|---|
| Pair 1 | Item1a-item1b | 0.000 | Pair 13 | Item13a-item13b | 0.000 |
| Pair 2 | Item2a-item2b | 0.000 | Pair 14 | Item14a-item14b | 0.000 |
| Pair 3 | Item3a-item3b | 0.000 | Pair 15 | Item15a-item15b | 0.000 |
| Pair 4 | Item4a-item4b | 0.000 | Pair 16 | Item16a-item16b | 0.000 |
| Pair 5 | Item5a-item5b | 0.000 | Pair 17 | Item17a-item17b | 0.000 |
| Pair 6 | Item6a-item6b | 0.000 | Pair 18 | Item18a-item18b | 0.000 |
| Pair 7 | Item7a-item7b | 0.000 | Pair 19 | Item19a-item19b | 0.000 |
| Pair 8 | Item8a-item8b | 0.000 | Pair 20 | Item20a-item20b | 0.000 |
| Pair 9 | Item9a-item9b | 0.000 | Pair 21 | Item21a-item21b | 0.000 |
| Pair 10 | Item10a-item10b | 0.000 | Pair 22 | Item22a-item22b | 0.000 |
| Pair 11 | Item11a-item11b | 0.000 | Pair 23 | Item23a-item23b | 0.000 |
| Pair 12 | Item12a-item12b | 0.000 | Pair 24 | Item24a-item24b | 0.000 |

表 8-5　对照班成对样本 T 检测

| Pairs from two questionnaires (pre-test and post-test) | | Paired sample Ttest | Pairs from two questionnaires (pre-test and post-test) | | Paired sample Ttest |
| --- | --- | --- | --- | --- | --- |
| Pair 1 | Item1a-item1b | 0.725 | Pair 13 | Item13a-item13b | 0.660 |
| Pair 2 | Item2a-item2b | 0.056 | Pair 14 | Item14a-item14b | 0.123 |
| Pair 3 | Item3a-item3b | 0.431 | Pair 15 | Item15a-item15b | 0.678 |
| Pair 4 | Item4a-item4b | 0.345 | Pair 16 | Item16a-item16b | 0.654 |
| Pair 5 | Item5a-item5b | 0.489 | Pair 17 | Item17a-item17b | 0.234 |
| Pair 6 | Item6a-item6b | 0.578 | Pair 18 | Item18a-item18b | 0.435 |
| Pair 7 | Item7a-item7b | 0.467 | Pair 19 | Item19a-item19b | 0.675 |
| Pair 8 | Item8a-item8b | 0.894 | Pair 20 | Item20a-item20b | 0.098 |
| Pair 9 | Item9a-item9b | 1.000 | Pair 21 | Item21a-item21b | 0.057 |
| Pair 10 | Item10a-item10b | 0.262 | Pair 22 | Item22a-item22b | 0.133 |
| Pair 11 | Item11a-item11b | 0.342 | Pair 23 | Item23a-item23b | 0.456 |
| Pair 12 | Item12a-item12b | 0.323 | Pair 24 | Item24a-item24b | 0.675 |

实验结论：本实验是笔者在自己所教授的课程中做的实证研究，使用了当时实验中收集整理的数据（Zhang，2015）。实验数据表明非英语专业学生当前的学习自主能力较低，经过两个连续学期的教学中心转移，教师角色的转换，学生学习自主性明显提升。不难看出，教师在促进和提高学习者自主性方面发挥了极其重要的作用。这项实验与二语习得研究人员进行的其他实证研究相呼应。类似实验的相同结果显示了教师的重要性，并且为大学英语教师提出了更高的要求，找到适合自己的多维度角色组合，持续学习以弥补新的身份带来的知识和素养的缺失，辅助学生实现其学习目标。同时，学习者接受了教师提供的技术培训，并按照教授设计的人机协同教学步骤完成相关学习，效果显著，对 CALL 的抵触倾向降低，同时人机协同能力提升，教师作为优质教育资源的推送者和教学设计实施者的角色不可或缺。

# 9 CALL 研究和实践的多样性

## 9.1 概述

技术的不断进步与教学观念的刷新推动了计算机辅助语言学习领域的快速发展，使其不断呈现丰富的多样化和生动的活力。这既为语言教育提供了新的视角和方法，也向教育者与研究人员提出了前所未有的挑战与实现的可能性。有关 CALL 的研究和实践可谓多样，彰显了语言教育的深刻变革。移动技术、云计算、人工智能以及虚拟现实等在内的多种技术，已经成为推动 CALL 进入新时代的强大动力。在此背景下，语言教育者和学习者皆在通过 CALL 寻找更高效、更具吸引力和更加个性化的学习路径以提升语言技能。

## 9.2 研究方向及意义

CALL 领域的核心焦点在于如何有效地将科技整合到语言教学之中，以及如何借助这种整合实现语言学习效率的最大化。在这一目标的推动下，相关研究旨在解决将技术应用于语言学习的具体难题，同时也需应对科研本身所伴随的种种压力。教学与研究之间的张力使教师们不得不做出选择，这种选择的多样性正是导致 CALL 研究和实践多样性产生的原因。关于 CALL 的研究和实践的平衡的讨论已经有着悠长的历史，有的观点倾向于研究，有的偏向于实践。在二语习得这一领域，找到二者之间的平衡始终是讨论的热点。而当这场讨论转向 CALL 领域，技术这一要素的关键性是绝不能忽略的。

国际 CALL 领域的研究重心主要聚焦在三个维度：技术、语言习得主体、教学主体，这三者的研究相辅相成、互为促进、逐步深化。在计算机辅助语言学习研究的第一个维度中，研究者主要专注于运用先进的技术，如增强现实（AR）、虚拟现实（VR）等，来优化学习环境，或是通过人脑和计算机的互动来提升学习效率。第二个维度集中在学习者这一核心，针对其认知流程、参与程度进行深入研究，同时也探讨了学习策略以及学习动机和情感等个人因素。第三个维度将教师的教学方法、策略、教学模式及其对学习者造成的影响置于研究焦点。CALL 的研究在三个维度下又有多个方向的分支，这些研究方向并非相互独立，而是存在交集和互动，同一个研究要素有可能会在多个不同的研究领域内被探讨。这些研究既可能关注到技术与实践的联结，又可能偏重于研究与实践之间的互动。不同的研究主题都与研究、实践或技术中的一个或多个领域相关，只是各自的研究重点有所差异。

### 9.2.1 研究方向

CALL 的研究方向涵盖了多种技术和语言教学方法，旨在提升语言学习的效果。

#### 9.2.1.1 技术应用研究

CALL 领域内有很多学者专注于计算机网络技术的应用研究，并提出了各自的观点。这些研究者对网络技术在语言学习中应用的研究，涵盖了从教育理念到具体技术使用的多个层面。他们的工作不仅帮助理解如何在 CALL 中有效利用技术，也对教学者在设计教学计划时如何应用这些技术提出了有价值的见解。在 CALL 的发展过程中，由于不同的技术和应用关注的重点不同，逐渐衍生出了若干独特的技术分支，包括移动辅助语言学习（MALL）、智能计算机辅助语言学习（ICALL）和计算机中介通信（CMC）等。

在技术应用这一研究领域，第一个研究方向研究者将技术作为起点，探讨了当前技术的普及程度以及在语言教学领域中的使用情况。鉴于这类软件并非原本为语言教学而设计，因此研究人员着眼于软件的通用性质，考察如何在语言教育中推进这些软件的广泛使用。以博客为例，在技术应用的研究领域中，博客平台是一个起初并非针对语言教学设计的技术，它最早被广泛用于个人在线日志和信息分享。然而，研究者将这种技术引入 CALL 领域，探索其在语言教学中的普及和应用。通过使用博客，教师可以鼓励学生进行写作练习，发布书面作业，并在班级中互相评论和交流反馈，促进写作和批判性思维技能的提升。学生也可通过博客与世界各地的其他语言学习者交流，增加真实语境的交际机会。研究人员关注如何利用博客的通用特性，即易于创建内容、社交互动和全球可访问性，促进语言学习和教学提升效率和强化学习动机。这种来自其他领域的技术在语言教学中的应用，体现了研究者如何根据软件的广泛适用性在语言教育中找到新的使用路径，推动 CALL 的发展。

一些在其他领域使用已久的技术，一旦被应用到语言教学领域，便有可能被视为 CALL 领域中的新兴技术。再以虚拟现实（VR）技术为例，它在游戏和娱乐行业中已经使用多年，用于提供沉浸式的体验。然而，当虚拟现实技术应用于语言教学时，它可以被看作是 CALL 领域的新技术。在这个应用中，学生可能会使用 VR 头显进入一个模拟的语言环境，如一个外国城市，其中他们可以与虚拟角色互动，练习语言技能，如听力和口语。这种技术的转换使用在 CALL 中是创新的，尽管它在其他领域已经存在一段时间。但是，把这些技术叫作新技术可能并不恰当，技术始终在演进中，教育技术更是以极快的速度更新迭代。研究在技术领域集中于技术本身固有的特质和这些技术如何落地实际应用。综合来看，当前的研究多侧重于技术特点的分析，技术运用方面的讨论多基于假设性模型层面。研究过程常见的途径是：先构造一个潜在的应用场景，然后通过实证研究进行验证。这样的研究方法主要是为了探究和评估技术在语言教学上的潜在价值。

技术研究的第二个方向旨在审视技术应用过程中遇到的问题，并探索解决方案。这种研究不再是孤立地考察某项技术的使用情况，而是在考虑教学目的、环境等因素的基础上对技术的特性和其功能进行研究。这实际上是一种基于教学法的研究，强调语言教学环境的重要性，并针对特定环境中的语言教学需求进行研究。这个研究通常建立在理论基础上，测试特定技术的教学有效性。以交互式白板的使用为例，在这个研究方向中，研究者不仅关注交互式白板作为教学工具的功能，而且还研究其在具体的教学环境中如何被有效地应用。交互式白板能够增强课堂互动和学生参与度，但如何将其与教学目标、课程内容和学习者需求相结合是研究者所要考虑的问题。难点在于要把教学环境的因素纳入考量，这些环境因素会显著地影响到技术的应用。

第三个研究方向聚焦在不同语言教学环境下，分析现有技术或者被视作新技术的属性。虽然这一方向的研究也是围绕技术展开，但它不是预先设定结果假设然后进行验证，而是更多聚焦于技术在具体教学背景下的实际应用情况。研究从语言教育的视角探讨技术属性，并关注在特定语言教学环境中的应用实践，分析其应用过程，并对学习成效进行评估。以移动学习技术为例，研究方向聚焦在智能手机、平板电脑等移动设备在各种语言教学环境中的使用情况。移动学习被视为 CALL 领域的一个新领域，因为它强调在任何时间、任何地点进行学习，并充分利用移动设备的便携性和连接性特点。研究者不是简单地设置研究假设，然后验证技术对学习成效的影响，而是深入探讨移动学习技术在不同教学环境下的具体应用，比如在课堂内部、校园周边或者在学生日常生活中的语言学习活动。他们会研究这些技术如何适配课程设计，如何支持学生的自主学习，以及教师如何利用移动技术配合传统教学方式。

#### 9.2.1.2 语言习得主体研究

CALL 这一领域跨越多个学科范畴，其形成和进展不仅受到了计算机技术，包括软件和硬件的进步推动，也与教育领域相关的学习理论息息相关，被后者所指导和约束。例如，认知主义理论强调学习者对知识的内部处理和记忆方式，CALL 技术被设计为能够提供个性化的反馈和加强记忆技巧，帮助学习者更深层次地理解和吸收知识。而在构造主义理论的影响下，支持这一理论的 CALL 工具，如模拟软件和角色扮演游戏，促进了学习者积极参与和通过实践、探究及互动在具体语境中学习。社会建构主义理论则将学习看作是社会互动的成果，因此在该理论的指导下，一些 CALL 工具加入了更多的合作学习机制，如网络论坛和即时通信，在促进学习者相互交流和协作的同时，实现教育的目标。这些语言习得的理论基础一直是指导 CALL 发展的核心要素，对培养和改善实践策略起着至关重要的作用。

在语言习得主体方面，CALL 研究集中于如何最大限度地发挥学习者的潜力。学习者的背景、需求、动机和个性化学习习惯被越来越多地考虑进来，研究呈现出对学习者个性化路径的探索和对学习者自治的支持。例如，自适应学习系统能够根据学习者的响应和自身性能自动调整教学内容和难度，而协作学习和社会化媒体工具也提供了增加学习者参与感的机会。这些研究强调了学习过程的学习者中心性，以及为不同能力和背景的学习者提供适宜的支持结构。

斯托克韦尔（Stockwell，2013）指出CALL的应用价值集中体现在两个方面：一是促进学习者四大基本语言技能（听、说、读、写）的提高；二是促进学习者在三大主要领域（语音、词汇、语法）的提高。在推动词汇掌握、口语交流、阅读理解以及写作能力等多方面的语言技能提升过程中，一些研究者选择聚焦于增强单一技能，另一些则致力于同步提升多个语言技能。以下是基于听说读写四项语言技能的具体研究：首先，多媒体听力材料的设计与应用，研究如何利用视频、音频、动画等多媒体资源提高学习者的听力理解能力。此项研究探索了不同类型的听力材料对学习者的影响，以及如何通过视觉和听觉的结合来促进信息的吸收和记忆。其次，自适应听力学习系统的研究。在自适应系统中，算法根据学习者的听力水平和学习进度自动调整材料的难度和内容。再次，交互式听力训练软件的研究，开发交互式练习，如情景模拟、角色扮演、在线对话等，以提升学习者的听力理解和反应能力。最后，在线教育平台与听力资源的研究，研究如何通过在线教育平台提供丰富的听力资源和练习，例如开放式的课程资源（MOOC）、语音库以及其他各种互动听力任务。

CALL领域中计算机辅助口语学习的研究较多，诞生了一系列术语。除了自动语音识别（ASR）和自动发音错误检测（APED）这两个与计算机协助下的口语训练紧密相关的术语外，还有计算机辅助语言评估（Computer-Assisted Language Assessment，CALA）、语音合成（Text-to-Speech，TTS）、互动口语练习（Interactive Speaking Practice）、语言学习虚拟环境（Language Learning Virtual Environment）、在线实时互动（Live Online Interaction）、智能口语反馈系统（Intelligent Speaking Feedback Systems）等。

CALL领域中，涵盖了多种与计算机辅助阅读相关的研究主题和技术。首先，数字阅读资源部分，研究者着力于分析电子书籍及其他数字格式材料在提高阅读理解方面的作用，同时关注文本中嵌入的多媒体内容（例如，图像、音频、视频）对学习者理解能力的影响。其次，开发互动式阅读工具，如提供注释、解释、词义帮助和问题解答等交互元素，并根据学习者的阅读能力提供不同难度级别的材料，这样的工具旨在辅助和增强阅读体验。最后，网络辞典和参考资源的研究，则关注如何利用这些工具来帮助学生理解阅读中遇到的难词或复杂句子，并探讨其如何促进流畅阅读和深入理解。

CALL领域的研究特别关注如何利用计算机技术提高语言学习者的写作技能。计算机辅助写作（CAW）作为CALL的一个子领域，其研究领域集中在以下方面：首先，文本编辑器和处理程序在CAW的应用十分广泛，研究人员致力于开发更加智能的文本处理软件，以更精准地识别并改进写作中的错误。其次，自动评分和反馈系统的开发赋予了计算机辅助写作以前所未有的规模化和客观评价功能，研究者在不断改进这些系统的评测标准，以使它们的评分结果更加符合人类评审的标准。协作写作软件的开发也是CAW研究的重要部分，这类软件的应用范围从学校教育到专业撰稿，使得团队能够跨时空协同工作，研究者关注如何通过技术支持有效的写作协作。写作教学法则是CAW的另一大研究领域，研究者试图探索计算机如何辅助写作教育、提升写作教学效果，以及如何通过计算机技术进行写作指导。随着人工智能技术的发展，未来的CAW研究还将包括智能写作助手的开发，这类系统将能提供更深层次的写作建议，包含结构、风格和语义等方面的指导。

### 9.2.1.3 教学主体研究

CALL环境中的教学主体研究，关注的是教师如何利用计算机技术优化教学方法，提高语言教学效果。以下是在当前文献中广泛探讨的几个研究方向：首先，教师在CALL环境中的角色变化受到学界的广泛关注。随着技术工具的引入，教师角色发生了从传统的知识传递者向学习促进者和指导者转变。教师不再是教学活动的唯一中心，而是需要指导学生如何有效地使用计算机技术来支持自主学习。这要求教师对技术有足够的了解，能够评判和选择恰当的技术工具，并结合教学目标和学习者需求进行有效整合。其次，教师专业发展也是CALL环境下的一个重点研究方向。教师需要培养对新兴技术的敏感性和自主学习能力，持续提高自身的技术水平和优化教学方法。再次，教学策略和方法的创新是CALL环境下教学主体研究的核心内容之一。如何将计算机技术与语言教学法相结合，创造出既有效且能充分激发学习者潜能的教学策略，是CALL研究领域的关键任务。这包括游戏化学习、混合学习模式的应用、在线合作学习以及采用各种社交媒体来增加语言学习情境等。课堂管理在 CALL 环境中也是一个重要的研究议题。教师需要熟练地管理课堂软硬件资源，确保技术整合顺利而有效地支撑语言教学活动。此外，如何维护网络课堂的秩序，保证学习的连贯性，以及如何对学生在线行为进行监督和评估，也是教师必须掌握的课堂管理技巧。

总之，CALL 领域的研究广泛而深入，涵盖了语言学习和教学的各个方面。尽管存在一些挑战，技术的不断发展和教育者的创新思维，不断推动着这一领域向着更加高效和有效的教学方向前进。未来的 CALL 研究将继续探索如何将不断变化的技术更好地融入语言教育实践中，为我们展现一个更加丰富多彩和互动性更强的语言学习前景。

### 9.2.2 研究意义

CALL 领域的研究在计算机、网络技术逐渐渗透到教育行业的背景下，显得尤其重要。这一研究的意义：首先，在于推动了教育技术与语言学习方法的结合。通过引入新技术，如互联网、移动设备、云计算和大数据等，教师和学习者可以获取到大量的语言学习资源，包括在线课程、多媒体教材、互动应用等。这些资源可以跨越地理限制，为世界各地的学习者提供便捷的学习机会。其次，CALL 研究侧重于学习者个体的独特需求和特性，强调以学习者为中心的教学法，这些研究有利于培养学习者的自主学习能力和终身学习的习惯，并帮助教育者更好地理解学习者在认知、心理和文化等方面的差异，从而提供更加定制化的学习计划。再次，CALL 研究还侧重于教学主体——教师的教学方法和策略，研究教师如何利用技术进行课堂教学和管理，帮助教师设计更具互动性、趣味性的语言学习活动，根据学习者的进度、兴趣和需要提供个性化的学习路径，从而提升学习效率和动机，同时促进了教师对于新教学方式的探索和自身教学技能的提升。

综上所述，CALL 研究的意义在于其多维度地推动了语言教育的现代化进程，加强了教育的个性化和技术化，极大地丰富和优化了语言教学与习得的方式和环境。

## 9.3 研究和实践的关系

CALL 本质探索的过程是连续不断的，研究者们在向前推进的同时，经常性地进行反思，以审视已有的发现和未来研究的路径。过去的研究主要集中在案例、研究的广度和深度、目标、方法以及有效性的标准等方面。多数CALL研究体系完整，在评价CALL研究时，重要的是关注提出的问题是否得到解答，以及问题如何解答的。需要明确的是研究应当为实践提供指导，并与实践紧密相连。CALL研究需要更多关注其实践方面，并专注其研究成果的实际应用。

　　CALL领域内的研究包罗万象，这是由于在环境、任务、工具和语言等方面存在着众多的研究变量。这些变量的多样化使得CALL研究要考虑到多个复杂且相互关联的因素，并着眼于如何探究这些变量各自的特性和它们之间的交互作用。同样地，CALL在实践层面也展示出极大的多元性。它涉及将各式各样的技术应用于语言学习之中，以达成多样化的教学目标、完成各种类型的教学任务、开展不同的教学活动，并采用多种教学理论和方法。实践中的核心任务，是分析这些变量如何针对不同教师和学生进行有效应用，这体现了实践的复杂性。

　　通过对文献的分析我们发现，CALL的研究目标并不一致，它们主要受到研究方法的影响，既有从理论到实践，也有从实践回归到理论的。例如，当研究关注于某项技术的运用效果，或者是某个教学法中的技术应用时，研究者可能会选取教学情境中的某些特定元素进行研究。这类研究显然是基于实际应用的。另外，当我们试图验证某种特定教学背景下文献里提到的方法是否有效时，我们可能会设定一系列假设，之后通过实际的教学场景去考察这些假说的真实性。仔细来看，前一种情况是由教学环境引领研究，即环境参数决定了技术的应用；而后一种情况则是研究引领环境变迁，通过更改现存环境适应和实现已有研究的发现。当然，这两种方法有时会在同一项研究当中交汇。例如，在研究一个新技术的运用时，可能会采取先前研究的成果作为出发点来设定研究假设，同样地，将旧有研究置于全新背景之中也是行之有效的，毕竟新的教学环境也代表了新的研究视角。

　　理论研究为实践提供了指导原则和思想框架，而实践结果又能反过来验证和丰富理论。例如，理论上的洞见可以激励教学实践的创新设计，而这些设计的实地测试结果又能反哺理论的进一步演绎。在CALL领域研究过程中，必须时刻清晰自己研究的目的与意义。无论是从理论角度还是实践角度出发，其最终目的都在于提升语言教学和学习的有效性，增进学习者的语言能力以及优化教学过程。认识到这一点，才能更加深入理解研究与实践之间的相互关系，明确一方面是如何影响另一方面的，从而为 CALL 相关领域的研究提供更深层次的见解。

## 实例展示

CALL 的现代教学实践不断延展，以支持并促进语言教育。这种实践通常融入多样化的工具和方法，为学习者构建一个交互性强、参与度高的学习环境。

实例一：在线协作写作

教学目标：在对外汉语教学中，以"我的中国故事"为主题展开写作教学活动，旨在使留学生通过个人对中国的接触与体验，探讨和表述自己的感知和理解。在这个教学活动中，学生运用在线协作写作平台展开创作，从而增强其写作技能以及对中国文化的认识。

活动设计：首先，将留学生（中级班）分成三个小组，每个小组 4 个人，并让每个小组使用一个共享的在线文档，在在线协作写作平台腾讯文档上展开活动。教师提供"我的中国故事"的写作指导，确保学生明白文档的结构、内容和评估标准。

每个小组协作完成以下几个步骤：

①主题讨论与选定：小组成员共同讨论并选定他们的故事主题，比如关于他们在中国的旅行经历、中国文化体验、学习中文的心得，或是与中国朋友的互动经历等。

②资料搜集：每位成员需收集与小组选定主题相关的材料，如照片、视频、采访记录或其他可以丰富故事的资源。

③写作初稿：根据小组讨论的大纲，成员开始撰写各自负责部分的初稿。小组成员实时共享想法和反馈，以促进故事内容的一致性和连贯性。

④同伴评审与修改：小组成员之间进行互评，对初稿给予建设性意见，协助对方改善内容和文风，并用平台的评论功能记录反馈意见。

⑤终稿提交：将小组成员的文稿合并成一篇完整的故事，并作为小组终

稿提交。其间，教师提供必要的指导和修改建议。

⑥展示与回顾：小组向全班展示他们的"我的中国故事"，并分享协作过程中的经验和学习收获。此环节可提供视频展示、PPT等多媒体支持。

案例总结与分析：通过这一学习过程，学生在写作实践中不仅提高了他们的语言表达和故事叙事技能，而且加深了对中国文化的认识和理解。同时，借助在线协作写作平台，教学活动打破了传统课堂的局限，提升了教学的互动性和学生的参与度。通过最后成果展示的环节，让全班学生和教师共同欣赏和评价每个小组的作品，形成互相学习和启发的学习氛围，并加深了相互的了解。后期计划将这些故事编发在校园网站上，或作为参赛作品参加相关竞赛，以此展示学生成果与学习经验。

实例二：在线互动阅读讨论

基于CALL的教学活动设想，以《发展汉语·中级汉语（下）》一书中的"面对老龄化"文章为素材，在留学生中级班的汉语课程中开展了一次以通过讨论增进理解为主的在线互动阅读活动。

活动名称：老龄化议题深度探讨。

学习目标：增加留学生对中国老龄化问题的认识及相关词汇的理解和应用。通过多模态教学材料，提升学生综合阅读理解能力，激发学生批判性思维和分享个人观点的能力。

准备工作：教师使用在线教学平台——学习通创建活动资源，将PPT、课文文本、音频、相关视频和资料上传。准备一些与课文主题相关的讨论问题，学生在讨论区发表观点。

活动流程：

①预阅读活动：学生登录在线平台，进入预阅读模块。通过观看一个关于中国老龄化社会影响的短视频来激发兴趣，视频后附简短的引发思考的问题。学生在预先设置的词汇列表中完成对关键词汇的预习。

②互动阅读过程：学生开始在线阅读课文"面对老龄化"。在阅读中，学生可以利用在线词典中的词汇释义、例句功能学习词语。配置的阅读问题（如选择题、填空题、问答题）在学生完成阅读后呈现，确保学生理解深入。

③阅读后讨论：完成课文阅读后，学生进入在线讨论区。教师发布要讨

论的问题要求学生结合自己的认知或经验进行回答，例如："你认为我们的社会应该如何应对老龄化问题？"学生在讨论区发表自己的看法，教师回复学生的帖子，促进更深层的交流和批判性思维。

④扩展活动：学生制作一个与老龄化相关的PPT，展示他们对这一话题的理解和思考。作品在平台上与学生分享。

⑤师生互动和反馈：教师在活动期间实时掌握学生参与情况，并在讨论区及时提供反馈，引导思考并深化讨论。教师通过线上或线下的方式综合评价学生在本次活动中的表现和学习成果，提供后续学习的建议与辅导。

案例总结与分析：通过这一活动，学生不仅提升了对老龄化议题的理解，还通过多维度的材料和活动，增强了他们利用汉语进行深入思考和表达的能力。同时，线上的互动平台为学生提供了一个自主学习和互助合作的环境，有助于提高语言学习的综合效果。但发现在讨论环节，部分学生参与度不高，还需教师提供更明确的在线讨论指导以及通过设定多元化的评价标准，比如对学习者的贡献度、互动质量和批判性思维能力进行评价等方式促进学生的积极参与。

## 9.4 结论及启示

随着计算机辅助语言学习研究和实践的持续发展，其所展现的多样性为语言教育界带来了深刻的结论和启示。CALL 的多样性不仅表现在技术手段和教学方法上，也反映在教育实践和研究范式的丰富多变中，在技术应用、语言习得主体、教学主体三方面展现出广泛的多样性。研究者对网络技术在语言学习中应用的研究，涵盖了从教育理念到具体技术使用的多个层面。他们帮助理解如何在 CALL 中有效利用技术，也对在设计教学计划时如何应用这些技术提出了有价值的见解。在语言习得主体方面，CALL 研究集中于如何最大限度地发挥学习者的潜力，基于听说读写四项基本语言技能的研究呈现出多样化的态势。CALL 环境中的教学主体研究，重点关注教师在 CALL 环境中的角色变化、教师专业发展、教学策略和方法的创新、课堂管理等。

研究与实践构成了 CALL 领域的两个基石，二者互为补充又互相约束，一旦其中一环发生变动，便可能引发另一环的连锁反应。在诸多相互作用中，二者并肩推动语言教学不断前进，虽然在这个过程中遭遇教学环境、教师和学习者等多方面因素的交织影响,但是铸就了动态且颇具挑战性的学习生态。除了这些明显的变量外,更有诸多隐秘因素可能对结果施加影响。同一项技术应用,由于参与者的差异,也可能呈现出截然不同的实施模式。类似的研究,基于不同的研究角度,也可能产生迥异的结论。

在充满变数的环境中,紧随研究的有效策略就显得尤为关键,要求研究者对各种影响因素保持高度敏感,设立明晰的研究目标,并在整个过程中追踪不同变量的动态以及它们如何作用于终极目标。CALL领域内的探索呈现多样性,无论是对技术的革新,实际问题的解析,或是理论的深入剖析,这些研究都需要持续进行。研究人员在挖掘复杂性之中应锁定核心元素,评估这些关键点的重现性,并探索其在其他类似情境的适用性,以扩散研究成果的影响力。与此同时,也需要提出具体的实践建议,提炼出研究成果的实操方针,进一步转化为生动具体的应用指导。正是研究的助力使实践得以升华,而实践本身也反过来催化研究的进步。只有深刻把握研究与实践之间内在的联动机制,才能实现它们的共同成长和进一步深化。

# 参考文献

[1] AL-ALWAN A, ASASSFEH S, Al-SHBOUL Y. EFL learners' listening comprehension and awareness of metacognitive strategies: How are they related [J]. International Education Studies, 2013, 6 (9): 31-39.

[2] ALJAAFREH A, LANTOLF J P. Negative feedback as regulation and second language learning in the zone of proximal development [J]. The Modern Language Journal, 1994, 78 (4): 465-483.

[3] AZEVEDO R, HADWIN A F. Scaffolding self-regulated learning and metacognition e implications for the design of computer-based scaffolds [J]. Instructional Science, 2005, 33 (5-6): 367.

[4] BALDRY A, THIBAULT P. Multimodal Transcription and Text Analysis: A Multimedia Toolkit and Coursebook [M]. London: Equi-nox, 2006.

[5] BALTOVA I. Multisensory Language Teaching in a Multidimensional Curriculum: The Use of Authentic Bimodal Video in Core French [J]. Canadian Modern Language Review, 1999 (1): 31-48.

[6] BARRETTE C. Students preparedness and training for CALL [J]. CALICO Journal, 2001, 19 (1): 5-36.

[7] BARTHES R. Rhetoric of the Image [M]. London: Fontana, 1977.

[8] BATES A W T. The impact of technological change on open and distance learning [J]. Distance education, 1997, 18 (1): 93-109.

[9] BAX S. CALL: past, present and future [M]. Taylor & Francis (Routledge), 2009.

[10] BOLING E, SOO K. CALL issues: designing CALL software [M]//CALL Environments: Research, Practice, and Critical Issues. Alexandria, VA: TESOL, 1999: 442-456.

［11］BOTERO G G, QUESTIER F, ZHU C. Self-directed language learning in a mobile assisted out-of-class context: Do students walk the talk［J］. Computer Assisted Language Learning, 2019, 32（1/2）, 71-97.

［12］ÇAKMAK F. Navigating Strategies and Metacognitive Awareness in Self-Regulated Mobile-Assisted Listening in a Second Language［J］. Boğaziçi Üniversitesi Eğitim Dergisi, 2021, 38（1）: 3-24.

［13］CAROL A, CHAPELLE C, HEIFT T. Individual Learner Differences in CALL: The Field Independence/Dependence（FID）Construct［J］. CALICO Journal, 2009（26）: 246-266.

［14］CHAPELLE C. CALL in the year 2000: still in search of research paradigms［J］. Language Learning and Technology, 1997（1）: 19-43.

［15］CHAPELLE C. Computer Applications in Second Language Acquisition: Foundations for Teaching, Testing and Research［M］. Cambridge, UK: Cambridge University Press, 2001.

［16］CHAPELLE C. Technology and second language acquisition［J］. Annual Review of Applied Linguistics, 2007（27）: 98-114.

［17］CHAPELLE C. The relationship between second language acquisition theory and computer-assisted language learning［J］. Modern Language Journal, 2009（93）: 741-753.

［18］CHIU T K F, MOORHOUSE B L, ISMAILOV M. Teacher support and student motivation to learn with Artificial Intelligence（AI）based Chatbot［J］. Interactive Learning Environments, 2023（6）.

［19］CLAREBOUT G, ELEN J. Advice on tool use in open learning environments［J］. Journal of Educational Multimedia and Hypermedia, 2008, 17（1）: 81-97.

［20］DAVIS F D. Perceived usefulness, perceived ease of use, and user acceptance of information technology［J］. MIS Quarterly, 1989（13）: 319-340.

［21］DE RIDDER E. Are we conditioned to follow links? Highlights in CALL materials and their impact on the reading process［J］. Computer Assisted Language

Learning, 2000, 13 (2): 183-195.

[22] DESMARAIS L, DUQUETTE L, RENIÉ D, et al. Evaluating learning and interactions in a multimedia environment [J]. Computers and the Humanities, 1998, 31 (3): 327-349.

[23] DEUTSCHMANN M, PANICHI L, MOLKA-DANIELSEN J. Designing oral participation in Second Life – a comparative study of two language proficiency courses [J]. ReCALL, 2009, 21 (2): 206-226.

[24] DIZONG, TANG D. Intelligent personal assistants for autonomous second language learning: An investigation of Alexa Article [J]. JALT CALL, 2020, 16 (2): 117-130.

[25] ELLIS R. Task-based language learning and teaching [M]. Oxford: Oxford University Press, 2003.

[26] FISCHER R. Chapter 2 Diversity on Leaner Behavior [M] // Computer-Assisted Language Learning: Diversity in Research and Practice. Cambridge: Cambridge University Press, 2012.

[27] GARRETT N. Technology in the service of language learning: trends and issues [J]. Modern Language Journal, 1991, 75 (1): 74-101.

[28] GARRETT N. Where do research and practice meet? Developing a discipline [J]. ReCALL, 1998, 10 (1): 7-12.

[29] GIBSON J J. The Theory of Affordances. Perceiving, Acting and Knowing: Toward an Ecological Psychology [M]. Hillsdale, N.J.: Lawrence Erlbaum Associates, 1997.

[30] GLENDENNING E, HOWARD R. Lotus ScreenCam as an aid to investigating student writing [J]. Computer Assisted Language Learning, 2003, 16 (1): 31-46.

[31] GRIFFITHS C. Lessons from Good Language Learners [M]. Cambridge: Cambridge University Press, 2008.

[32] GROMADA A, SHEWBRIDGE C. Student learning time. In OECD Education Working Papers. OECDiLibrary. 2016.

[33] HALLIDAY M. A. K, HASAN R. Language, context and text: Aspects of

language in a social-semiotic perspective [M]. Victoria: Deakin University, 1985.

[34] HEALEY D, HEGELHEIMER V, HUBBARD P, et al. TESOL Technology Standards Framework [M]. Alexandria: TESOL, 2009.

[35] HEIFT T. Learner control and error correction in ICALL: browscrs, peekers. and adamants [J]. CALICO Journal, 2002, 19 (2): 295-313.

[36] HOVEN D, PALALAS A. The design of effective mobile-enabled tasks for ESP students: A longitudinal study [J]. CALICO Journal, 2013 (30): 137-165.

[37] HUBBARD P. A review of subject characteristics in CALL research [J]. Computer Assisted Language Learning, 2005, 18 (5): 351-368.

[38] HUBBARD P. Twenty-five years of theory in the CALICO Journal [J]. CALICO Journal, 2008, 25 (3): 387-399.

[39] HUBBARD P. Learner training for effective use of CALL [M]//New Perspectives on CALL for Second Language Classrooms. Mahwah, N.J.: Lawrence Erlbaum Associates, 2004: 45-68.

[40] HUBBARD P, SCHULZE M, SMITH B. Learner-computer interaction in language education: A Festschrift in honor of Robert Fischer [J]. CALICO Journal, 2013, 30 (1): 1-275.

[41] JEWITT C. Technology, Literacy and Learning: A Multimodal Approach [M]. London: Routledge, 2006.

[42] KEITH J. An Introduction to Foreign Language Learning and Teaching [M]. Beijing: Foreign Language Teaching and Research Press, 2003.

[43] KALYUGA S. Prior knowledge principle in multimedia learning. In R. E. Mayer (Ed.). The Cambridge Handbook of Multimedia Learning [M]. New York: Cambridge University Press, 2005.

[44] KASSEN M, LAVINE R. Developing advanced level foreign language learners with technology. [M]//Preparing and Developing Technology-Proficiency L2 Teachers. San Marcos: CALICO, 2007: 233-262.

[45] KNIGHT S. Dictionary use while reading: the effects on comprehension and vocabulary acquisition for students of different verbal abilities [J]. Modern

Language Journal, 1994, 78 (2): 285-299.

[46] KOLAITIS M, MAHONEY M A, POMANN H, et al. Training ourselves to train our students for CALL [M]//Teacher Education in CALL. Amsterdam: John Benjamins, 2006: 317-332.

[47] KRASHEN S. Principles and practice in second language acquisition [M]. Oxford: Pergamon Press, 1982.

[48] KRASHEN S. Second Language Acquisition and Second Language Learning [M]. Oxford: Pergamon Press, 1981.

[49] KRESSG, VAN LEEUWEN T. Multimodal Discourse [M]. Oxford: Oxford University Press, 2001.

[50] KRESSG, VAN LEEUWEN T. Reading Images: The Grammar of Visual Design [M]. London: Routledge, 1996.

[51] KUURE L, MOLIN-JUUSTILA T, Keisanen T, et al. Switching Perspectives: From a Language Teacher to a Designer of Language Learning with New Technologies [J]. Computer Assisted Language Learning, 2016, 29 (5): 925-941.

[52] LEVY M, STOCKWELL G. CALL dimensions: Options and issues in computer-assisted languagelearning [M]. New York: Routledge, 2013.

[53] LEVY M, HUBBARD P. Why call CALL "CALL" [J]. Computer Assisted Language Learning, 2005, 18 (3): 143-149.

[54] LI W. A study of metacognitive awareness of non-English majors in L2 Listening [J]. Journal of Language Teaching and Research, 2013, 4 (3): 504-510.

[55] LIDDELL P, GARRETT N. The new language centers and the role of technology: new mandates, new horizons. [M]//New Perspectives on CALL for Second Language Classrooms. Mahwah, N.J.: Lawrence Erlbaum Associates, 2004: 27-40.

[56] LIGHTBOWN P, SPADA N. How Languages Are Learned [M]. Oxford: Oxford University Press, 2006.

[57] MAYER R E, MORENO R. Nine ways to reduce cognitive load in multimedia learning [J]. Educational Psychologist, 2007 (1): 43-52.

［58］MISHRA P, KOEHLER M J. Technological pedagogical content knowledge: A framework for teacher knowledge ［J］. Teachers College Record, 2006, 108（6）: 1017-1054.

［59］MORENO R, MAYER R. Cognitive principles of multimedia learning: the role of modality and contiguity ［J］. Journal of Educational Psychology, 1999（91）: 358-368.

［60］NAIMAN N, FROHLICH M, STERN HH, et al. The Good Language Learner ［M］. Toronto: Ontario Institute for Studies in Education, 1978.

［61］CAZDEN C, COPE B, FAIRCLOUGH N, et al. A Pedagogy of Multiliteracies: Designing Social Futures ［J］. Harrard Educational Review, 1996, 66（1）: 60-92.

［62］NGUYEN A, NGO H N, HONG Y, et al. Ethical principles for artificial intelligence in education ［J］. Education and Information Technologies, 2022（28）: 4221-4241.

［63］NORMAN D. The Design of Everyday Things ［M］. NewYork: Basic Books, 2002.

［64］O'BRYAN A. Providing pedagogical learner training in CALL: impact on student use of language-learning strategies and glosses ［J］. CALICO Journal, 2008, 26（1）: 142-159.

［65］OXFORD R, NYIKOS M. Variables affecting choice of language learning strategies by university students ［J］. Modern Language Journal, 1989, 73（3）: 291-300.

［66］PIDERIT S K. Rethinking resistance and recognizing ambivalence: A multidimensional view of attitudes toward an organizational change ［J］. Academy of Management Review, 2000, 25（4）: 783-794.

［67］PINTRICH P R. The role of goal orientation in self-regulated learning. ［M］//Handbook of self-regulation. San Diego: Academic Press, 2000: 451-502.

［68］PRENSKY M. Digital Natives, Digital Immigrants ［J］. On the Horizon, 2001, 9（5）: 1-6.

[69] PUJOLÀ J T. Did CALL feedback feed back? Researching learners' use of feedback [J]. ReCALL, 2001, 13 (1): 79-98.

[70] RIENTIES B. Understanding academics' resistance towards (online) student evaluation [J]. Assessment and Evaluation in Higher Education, 2014, 39 (8): 987-1001.

[71] RIVENS-MOMPEAN A, GUICHON N. Assessing the use of aids for a computer mediated task: Taking notes while listening [J]. JALT CALL Journal, 2009, 5 (2): 45-60.

[72] ROBB T. Helping teachers to help themselves [M]//Teacher Education in CALL. Amsterdam: John Benjamins, 2006: 335-347.

[73] ROMEO K, HUBBARD P. Pervasive CALL learner training for improving listening proficiency [M]//World CALL: International Perspectives on Computer Assisted Language Learning. New York: Routledge, 2010: 215-229.

[74] ROMERO M, BARBERA E. Lifelong learners and teachers' time-management competency in e-learning. [M]//International Handbook of E-Learning, Routledge, 2015: 163-174.

[75] ROUSSEL S, TRICOT A. A tentative approach toanalysing listening strategies in CALL [J]. Social and Behavioral Sciences Procedia, 2012 (34): 193-197.

[76] RUSTAM S, MENGK Y. Review of Studies on Technology-Enhanced Language Learning and Teaching [J]. Sustainability, 2020, 12 (2): 524.

[77] RYAN R M, DECI E L. Intrinsic and extrinsic motivation from aself determination theory perspective. Definitions, theory, practices, and future directions [J]. Contemporary Educational Psychology, 2020 (61).

[78] RYAN R M, DECI E L. Self-determination theory: Basic psychological needs in motivation development and wellness [M]. New York: Guilford Press, 2017.

[79] SHARMA P, BARRETT B. Blended Learning: Using Technology In and Beyond the Language Classroom [M]. Oxford: Macmillan, 2007.

[80] SHARPLES M. Methods for evaluating mobile learning [M]//Researching

mobile learning: frameworks, tools and research designs. Oxford: Peter Lang Publishing Group, 2009: 17-39.

[81] SHER V, HATALA M, GASEVIC D. When Do Learners Study: An Analysis of the Time-of-Day and Weekday-Weekend Usage Patterns of Learning Management Systems from Mobile and Computers in Blended Learning [J]. Journal of Learning Analytics, 2022 (5).

[82] SINCLAIR J, COULTHARD M. Towards an Analysis of Discourse: The English Used by Teachers and Pupils [M]. Oxford: Oxford University Press, 1975.

[83] SKEHAN P. Individual Differences in Second Language Learning [M]. London: Edward Arnold, 1989.

[84] SPERLING K, STENBERG C, MCGRATH C, et al. In search of artificial intelligence (AI) literacy in Teacher Education: A scoping review, Computers and Education Open [J], 2024 (6).

[85] STEIN P. Rethinking resources: Multimodal Pedagogies in the ESL classroom [J]. TESOL Quarterly, 2000 (2): 333-336.

[86] STOCKWELL G. Computer-Assisted Language Learning: Diversity in Research and Practice [M]. Cambridge: Cambridge University Press, 2012.

[87] STOCKWELL G. Effects of topic threads on substainability of email interactions between native speakers and nonnative speakers [J]. ReCALL, 2003, 15 (1): 37-50.

[88] STRAMBI A, BOUVET E. Flexibility and interaction at a distance: a mixed-mode environment for language learning [J]. Language Learning and Technology, 2003, 7 (3): 81-102.

[89] TAVAKOLI M, SHAHRAKI S, REZAZADEH M. The relationship between metacognitive awareness and EFL listening performance: focusing on IELTS higher and lower scorers [J]. The Journal of Language Teaching and Learning, 2012 (2): 24-37.

[90] TOYODA E, HARRISON R. Categorization of text chat communication between learners and native speakers of Japanese [J]. Language Learning and

Technology, 2002, 6 (1): 82-99.

[91] TSAI Y S, GASEVIC D. Learning Analytics in higher education—Challenges and policies: A review of eight learning analytics policies [J]. In Proceedings of the seventh international learning analytics & knowledge conference, 2017 (3): 233-242.

[92] VAN LIER L. The Ecology and Semiotics of Language Leaning: A Sociocultural Perspective [M]. Boston: Kluwer Academic Publishers, 2004.

[93] VELANDER J, TAIYE M A, OTERO N, et al. Artificial Intelligence in K-12 Education: Eliciting and reflecting on Swedish teachers' understanding of AI and its implications for teaching & learning [J]. Education and Information Technologies, 2024 (29): 4085-4105.

[94] VYGOTSKY L S. Mind in society: The development of higher psychological processes [M]. Boston: Harvard University Press, 1978.

[95] VYGOTSKYL S. Thought and Language [M], Cambridge: MIT Press, 1986.

[96] WANG M. The need for social network analysis for the investigation of affective variables in second language acquisition [J]. Frontiers in Psychology, 2022 (13).

[97] WINKE P, GOERTLER S. Did we forget someone? Students' computer access and literacy for CALL [J]. CALICO Journal, 2008b, 25 (3): 483-509.

[98] WINKE P, GOERTLER S. An introduction to distance language learning [M]//Opening Doors Through Distance Language Education: Principles, Perspectives, and Practices. San Marcos, T. X.: CALICO. 2008a: 1-10.

[99] WU S, YANG K. The effectiveness of teacher support for students' learning of artificial intelligence popular science activities [J]. Frontiers in Psychology, 2022 (13).

[100] ZHANG L. An Empirical Study on University English Teacher's Roles in the Web-Based Autonomous Learning Environment [J]. Journal of US-China Public Administration, 2015, 12 (9).

［101］ZHONG G Y. Differences in serious game – aided and traditional English vocabulary acquisition ［J］. Comput. Educ，2018（127）：214-232.

［102］曾庆敏. 多模态视听说教学模式对听说能力发展的有效性研究［J］. 解放军外国语学院学报，2011（6）：72-76.

［103］程瑞兰，张德禄. 多模态话语分析在中国研究的现状、特点和发展趋势：以期刊成果为例［J］. 中国外语，2017（3）：36-44.

［104］崔文娟. 多模态教学环境下的教师实施策略研究［J］. 文教资料，2012（20）：154-155.

［105］冯永刚，陈颖. 智慧教育时代教师角色的"变"与"不变"［J］. 中国电化教育，2021（411）：8-15.

［106］谷亚. 人工智能时代教师的职责坚守与角色转换［J］. 教学与管理，2019（15）：1-3.

［107］顾曰国. 多媒体、多模态学习剖析［J］. 外语电化教学，2007（2）：3-12.

［108］郭鋆. 可供性内涵研究及其对移动辅助语言学习的启示［J］. 河南教育（高教），2019（12）：109-112.

［109］何芳，贺学耘，刘秋成. 移动学习背景下大学生在英语学习中的信息技术能力现状调查：以湖南地方高校为例［J］. 外语电化教学，2018（4）：68-71.

［110］贺怡然. 多模态教学模式在对外汉语线上口语教学中的应用研究［D］. 北京：北京外国语大学，2022.

［111］胡永近. 基于多模态理论的英语听力教学效能研究［J］. 蚌埠学院学报，2014（1）：146-148.

［112］胡壮麟. 社会符号学研究中的多模态化［J］. 语言教学与研究，2007（1）：1-10.

［113］霍天枢. 移动学习下远程开放教育资源建设研究［J］. 吉林广播电视大学学报，2020（12）：54-55.

［114］冷玉芳. 开放环境下的教育资源、学习方法与评价系统的探索［J］. 知识经济，2017（6）：158-159.

[115] 李慧娟. VR 技术在开放教育资源建设中的应用 [J]. 中国教育技术装备, 2023（24）：33-37.

[116] 李政涛. 当教师遇上人工智能 [J]. 人民教育, 2017（23）：20-23.

[117] 刘婷婷. 智慧教育时代教师角色的"变" [J]. 现代教育, 2022（2）：40-42.

[118] 史蒂芬·道恩斯, 肖俊洪. 不仅仅是免费：网络世界的开放学习 [J]. 中国远程教育, 2015（4）：5-16.

[119] 涂惠燕. 移动设备平台上英语口语学习中的语音识别技术 [D]. 上海：上海交通大学, 2011.

[120] 汪时冲, 方海光, 张鸽, 等. 人工智能教育机器人支持下的新型"双师课堂"研究：兼论"人机协同"教学设计与未来展望 [J]. 远程教育杂志, 2019（2）：25-32.

[121] 王素月, 罗生全. 教师整合人工智能的学科教学知识建构 [J]. 湖南师范大学教育科学学报, 2021, 20（4）：68-74.

[122] 王毅, 黄宇嘉, 安红. 人工智能如何影响教师专业发展：基于中文核心文献的 Nvivo 分析 [J]. 未来与发展, 2023, 47（6）：77-82+50.

[123] 项贤明. 在人工智能时代如何学为人师？ [J]. 中国教育学刊, 2019（3）：76-80.

[124] 徐新新. 信息化背景下开放教育中的教学资源建设策略 [J]. 科教导刊, 2018（36）：6-7.

[125] 叶丽珍. 计算机辅助语言学习初探 [J]. 科技信息, 2008（33）：634-642.

[126] 余胜泉, 彭燕, 卢宇. 基于人工智能的育人助理系统："AI 好老师"的体系结构与功能 [J]. 开放教育研究, 2019（25）：25-36.

[127] 袁芳. 大数据背景下开放教育资源建设与应用研究 [J]. 科教导刊, 2017（20）：9-10.

[128] 张德禄. 多模态话语分析综合理论框架探索 [J]. 中国外语, 2009（1）：24-30.

[129] 张德禄. 多模态话语理论与媒体技术在外语教学中的应用 [J]. 外语教学, 2009 (4): 15-20.

[130] 张德禄. 系统功能理论视阈下的多模态话语分析综合框架 [J]. 现代外语, 2018 (6): 731-743.

[131] 周月玲, 谢泉峰. 人工智能时代教师角色的转变: 基于我国教师角色传统表征体系的分析 [J]. 教师教育, 2021 (2): 87-92.

[132] 邹太龙, 康锐, 谭平. 人工智能时代教师的角色危机及其重塑 [J]. 当代教育科学, 2021 (6): 88-94.

[133] 朱永生. 多模态话语分析的理论基础与研究方法 [J]. 外语学刊, 2007 (5): 82-86.

[134] 凯文·凯利. 构想未来 走近必然: 让我用120句话告诉你未来已来 [J]. 企业研究, 2016 (1): 30-37.